보이지 않는 것에 의미가 있다

보이지 않는 것에
의미가 있다

김혜남 지음

영화가 묻고 심리학이 답하다

차례

2. 우리는 왜 내면의 상처를 지니고 살아갈까

3. 죽음을 앞두고 우리는 무엇을 알아야 할까

4. 왜 우리는 현실을 살며 환상을 떠올릴까

5. 우리는 사회와 어떻게 만나고 있을까

보이지 않는 것에 의미가 있다

사람의 마음은 뇌에 있을까, 심장에 있을까. 생각과 감정은 사실상 뇌에서 처리하는 영역이라는 것이 이젠 꽤 보편적으로 알려졌지만 우리는 여전히 마음을 가슴팍에서 어루만진다. 마음이 우리의 신체 어느 부위에 걸쳐져 있든, 그 크기가 얼마나 크고 작든, 결국 사람들은 보이지 않는 그것이 우리의 삶을 연주한다는 것을 알고 있다. 그래서 가끔은 자신의 내면을 들여다보면서, 마음을 찾아 부드럽게 매만지고 따뜻하게 덮혀주며 상처 난 곳도 치유해 주는 시간이 필요한 것이다.

사람의 마음은 수많은 갈등과 무의식의 산물이 얽혀있어 그 자신도 명료하게 분류하여 정리할 수 없을 만큼 복잡하지만, 여러

갈래의 실타래를 따라가면 결국 매듭이 풀리듯이 반드시 이유가 있기 마련이다. 정신분석은 그런 사람의 생각과 감정, 행동, 무엇보다 사람의 동기를 다루면서 꿈과 현실, 이성과 감정, 이미지와 단어의 경계에 초점을 맞추어 내면을 더듬고 살핀다. 우리가 자신의 내면에서 각자의 해답을 찾고 편안하고 행복해질 수 있는 길을 발견하도록 돕는 길잡이 역할인 셈이다.

살다 보면 내 마음인데도 내가 잘 모를 때가 있고, 내 마음과는 달리 충동적인 행동이 튀어나올 때도 있다. 내가 나쁘거나 부족해서가 아니라, 어떤 사람이든 머리와 마음이 따로 움직이는 일을 경험한다. 그런 우리의 내면을 조금이라도 알기 위해 노력한다면 적어도 마음을 전혀 모를 때보다는 해결점이 보이기 시작한다. 그래서 우리는 정신분석이라는 렌즈를 사용하는 것이다.

영화는 허구이지만 궁극적으로 사람의 이야기를 다룬다. 정신분석을 통해 영화를 바라보면 영화 속 인물의 과거 심리 상태나 미래를 예측해볼 수 있고, 인물의 성격과 내면을 실제 우리가 겪는 세계에 적용해보게 되기도 한다. 이것은 해당 인물과 이어지는 대화인 동시에 나 자신과의 대화이다. 그들과의 공감과 이해, 얽혀있는 문제의 발견과 치유가 결국 내 삶에 겹쳐지는 순간들을 발견하기 때문이다. 그런 점에서 영화와 정신분석은 닮아있다(그러나 영화를 분석하는 일은 좀 더 복잡한데, 영화가 갖는 복합성과 동시성, 시대성 등을 고려해야 하기 때문이다).

좋아하는 영화를 여러 번 반복해서 볼 때, 그 영화를 처음 봤을 때는 보이지 않던 것이 두세 번 반복하니 보이게 되는 경험을 한 번쯤 해보았을 것이다. 영화예술에 대한 정신분석학적 고찰과 함께 영화가 담고 있는 또 다른 이면을 들여다본다면, 영화를 한층 새로운 관점에서 이해하는 깊이와 즐거움도 더해질 것이다. 물론 분석적인 관념만 따라가느라 영화 자체의 즐거움을 놓치는 우를 범하지 않도록 주의하면서 말이다.

이 책은 내가 병이 나기 전까지 영화를 보며 썼던 글이다. 내가 건강하던 삼, 사십 대의 감성이 묻어나는 글을 지금 다시 보니 참 좋다. 처음 영화에 대한 글을 쓰면서 정신분석학회에 공유하기 시작했는데, 동료 정신과 선생님들의 반응이 뜨거웠다. 오래전부터 이 글을 출판하려고 했으나 '영화'를 통한 정신분석 이야기는 독자가 적다는 이유로 출간을 거절당했다.

영화는 사람들의 꿈과 환상, 인생에 대한 이해를 들여다볼 수 있을 뿐만 아니라 그것이 다시 영화를 보는 사람들의 마음을 움직인다. 이 책에서 영화를 통해 수많은 삶과 마음을 들여다보는 일이 지금의 우리를 되짚어보고 한 뼘 깊이 이해하며 각자에게 보이지 않던 소중한 것들을 발견할 수 있는 시간이 되기를 바란다. 내

게 필요하던 순간에 영화가 그렇게 다가왔듯이. 물론 꼭 어려운 정
신분석적 이론을 참고하지 않아도 좋은 영화는 직관적으로 우리를
즐겁게 하니, 영화 속 다양한 인물들과 오후의 카페에 마주 앉은 듯
가볍게 대화하는 기분으로 읽어나가도 좋을 것이다. 내 서랍 속에
오래 봉인된 낡은 원고로 책을 낼 기회를 준 포르체 박영미 대표에
게 감사드린다.

2021년 11월

김혜남

I.

진실된 관계를 맺기 위해

무엇을 해야 할까

내가 사랑하는 것은 당신일까,
당신의 기억일까

- 〈어웨이 프롬 허Away From Her〉,
사라 폴리, 2006.

나라는 존재는 기억의 덩어리라고 할 수 있다. 내가 살아온 시간의 기억들은 모래가 바위가 되고 퇴적층의 무늬를 만드는 것처럼 차곡차곡 쌓이고 뭉쳐 나라는 존재의 현재를 규정한다. 그리고 그 기억들은 현재의 내가 살아가는 방식과 내가 세상을 이해하는 방식에도 막대한 영향을 미친다. 내가 기억을 지니고 살아가는 게 아니라 사실상 기억이 나를 만들어온 것이나 마찬가지다.

그런데 이런 소중한 기억들이 차츰차츰 사라져간다면 어떨까. 처음엔 방금 있었던 일을 잊어버리나 싶더니 어느새 날짜와 장소를 기억하지 못해 길을 자주 잃고, 그러다 사랑하는 사람의 얼굴과 그와 나누었던 열정적인 사랑의 추억마저 공기 중으로 휘발되어버린다면. 마침내 점차 아득히 먼 옛날의 기억 속으로 깊이 숨어들어 어느덧 다른 사람의 손이 닿지 않는 자기만의 내적 세계에 갇혀 버린다면. 어느 순간부턴가 사랑했던 연인과 가족마저 낯선 타인이 되어버리고 자신이 품고 있는 먼 기억 속으로 혼자 떠나버린다면.

영화 〈어웨이 프롬 허〉는 알츠하이머에 걸린 한 노부부가 지켜낸 사랑에 대한 이야기다. 그랜트와 피오나는 결혼한 지 44년이 된 행복한 노부부였으나 이들의 말년에 불행의 그림자가 덮쳐오기 시작한다. 피오나의 뇌세포가 서서히 파괴되며 기억을 잃어가는, 알츠하이머 증상이 나타나기 시작한 것이다. 알츠하이머는 퇴행성 뇌질환으로, 마치 불이 환하게 켜진 저택에서 방의 불이 하나씩 꺼지다가 마지막엔 어둠에 잠겨버리는 것과 같은 병이다. 피오나는 와인의 이름을 잊어버리고, 편지를 우체통에 넣는 걸 잊어버리고, 프라이팬을 물끄러미 들여다보다 냉장고에 집어넣는다. 기억이 점점 사라져가는 탓에 자신이 남편에게 짐이 되고 말 거라 짐작한 피오나는 스스로 요양원에 들어가기를 선택한다. 그랜트는 차마 아내를 떠나보낼 수 없어 주저하지만 급기야 그녀가 집에 돌아오는 길을 잃어버리게 되자 결국 요양원에 가는 것에 동의한다.

그러나 서로를 사랑하는 마음에도 불구하고 옛 기억을 추억하며 사는 남편과 서서히 기억을 잃어가는 아내는 서로에게 압박감과 좌절감만을 안긴다. 남편이 되새기려 하는 과거의 기억 앞에서 아내는 스스로가 낯선 이방인처럼 느껴질 뿐이다. 그런 아내에게 과거의 기억은 아무 의미가 없고, 오히려 요양원이 안식처가 된다. 이곳에서는 누구도 과거의 기억을 물어보지 않으며, 그저 현재를 느끼고 살아갈 뿐이기 때문이다. 이제 요양소 안에서는 남편이 이방인이 되고 말았다. 남편이 간직하고 있는 사랑의 기억은 과거의 퇴적물일 뿐이다. 그는 현재라는 시간에 과거의 기억을 가지고 오는 침입자가 되어버렸다.

그렇게 기억이 사라져가던 피오나는 요양원에서 남편과 떨어져있던 동안에 그를 잊은 채 다른 남자인 오브리와 사랑에 빠져버린다. 오브리 역시 치매에 걸려 세상과 동떨어져 지내던 중 피오나에게 반응을 보이며 두 사람은 점점 많은 시간을 함께 보내게 된다. 다른 남자를 사랑하며 멀어져가는 아내를 되찾고 싶은 그랜트에게 피오나는 말한다.

"그 사람은 나를 혼란스럽게 하지 않아요. 전혀."

스위치가 꺼지듯이 기억의 방이 하나씩 사라져가는 부인에게 그 과거의 방으로 들어가 기억을 회복시키려는 남편의 노력은 도리어 고문이었던 것이다.

그런데 피오나와 오브리에게 예기치 못한 일이 벌어진다. 그랜트와 마찬가지로 둘의 관계를 견디기 힘들었던 오브리의 부인이 그를 요양원에서 집으로 데려가는 바람에 두 사람이 생이별을 하게 된 것이다. 사랑하는 연인과의 이별은 알츠하이머 환자도 오열하게 만들었고, 그 모습을 지켜봐야 하는 그랜트는 아내의 슬픔 앞에서 깊은 침묵에 잠긴다. 오브리와 헤어진 아픔에 피오나의 병은 더욱 급격히 진행되고, 결국 그녀는 중환자 병동으로 옮겨진다. 결국 그랜트는 사랑을 잃은 아내의 병이 악화되는 걸 막기 위해 오브리를 다시 요양원에 데려오고자 고군분투한다. 이렇게 두 부부의 사랑이 서로 엇갈리고 교차되면서 영화는 노년의 외로움을 더 짙게 채색하고 있다.

그런데 마침내 그랜트가 오브리를 그녀 앞으로 데려오려는 순간, 피오나의 기억 하나가 깜빡이며 불이 들어와 남편을 알아보게 된다. 그녀는 그 순간 남편에게 고마움을 전한다.

"날 버릴 수도 있었는데, 지켜주어서 고마워요……."

이 영화는 톨스토이의 단편소설 〈사람은 무엇으로 사는가〉라는 작품을 떠올리게 한다. 병들어 모든 기억을 잊어버린다 해도 인간의 뇌에 마지막까지 남는 기능 하나는 바로 사랑이 아닐까. 이 영화는 인간이 사랑으로 살아간다는 것을 알츠하이머라는 병을 통해 역설적으로 보여준다.

사랑과 돌봄은 아기가 생존하기 위한 가장 기본적인 관계 맺기다. 따라서 갓난아기처럼 퇴행한 알츠하이머 환자라 해도 사랑에는 반응하게 되는 듯하다. 이들은 지난 기억으로 서로를 헤집어놓지 않고 그저 있는 그대로의 현재를 사랑하고 돌본다. 그리고 이들의 사랑을 지켜보는 남편의 시선은 관객들의 가슴에 다시 한번 사랑하는 법에 대해서, 그리고 사랑의 힘에 대해서 깨우쳐준다.

그랜트는 병든 아내를 끝까지 곁에서 지켜보고 지켜주며 진득한 애정을 드러낸다. 사랑을 강요하지 않고 도리어 그 사랑을 존중하면서 그녀를 위해 자신이 할 수 있는 일을 하는 인물이다. 때로는 그녀를 자신에게서 떠나보내고 새로운 인생을 주기로 결심하는 것, 놓아주는 것도 그에게는 하나의 사랑이었다. 그랜트의 결심과 행동이 얼마나 어려운 방식의 사랑인지 알기에 이 영화가 이토록 가슴이 아린 것인지도 모르겠다.

피그말리온의
사랑이 지닌 함정

- 〈귀여운 여인 Pretty Woman〉,
게리 마샬, 1990.

수년 전에 한 성형외과 의사와 한창 인기 절정이던 여배우의
로맨스가 지면을 장식했던 적이 있다. 두 사람이 사랑에 빠지게 된
스토리와 함께 이혼을 요구당한 의사 전 부인의 하소연이 각종 매
체를 통해 소개되며 사람들의 호기심을 자극했다. 전 부인은 남편
의 건강을 위해 반찬에 설탕을 하나도 쓰지 않고 벌꿀만 사용했다
는 사연 등 자신이 그동안 얼마나 헌신적으로 남편을 뒷바라지했는
지 털어놨다. 그러면서 남편의 공부와 성공을 위해 자신의 인생 전
부를 희생한 결과가 남편의 배신이라는 사실에 큰 충격과 괴로움을
느낀다고 호소했다. 전남편의 외도는 그가 병원에서 여배우의 성형
수술을 해주면서 시작되었다고 한다. 이 기사를 읽으면서 떠오른
것이 바로 피그말리온 신화였다. 그 의사는 자기가 직접 손을 대 아

름답게 만든 여인과 부적절한 사랑에 빠진 것이니 말이다.

피그말리온은 그리스 로마 신화에 나오는 인물로, 키프로스의 왕이라고도 하고 조각가라고도 한다. 피그말리온은 아프로디테의 여사제들이 문란한 생활을 하는 걸 보고 평생 독신으로 살겠다고 결심했다. 그 사제들은 여신의 신성함을 더럽혔고, 그래서 수치심을 잃어버리는 벌을 받는다. 피그말리온은 그들로부터 동떨어진 채 상아로 세상에서 가장 아름다운 여자의 입상을 조각하여 그 이름을 갈라테이아로 지었는데, 그만 자신이 만든 조각과 사랑에 빠지고 말았다. 그는 그 조각에 키스를 하거나 포옹을 하기도 했고, 꽃과 보석으로 전신을 장식했으며, 값비싼 옷을 입혔다. 그는 그것을 자신의 아내라고 불렀다.

아프로디테 제전의 날, 피그말리온은 이 제전에서 자신의 임무를 다한 뒤 머뭇거리면서 부탁한다. "신이시여, 원하건대 제게 주소서……. 제 아내로." 그는 차마 '상아 처녀'라고는 말하지 못하고, 다만 '제 상아 처녀와 같은 여성'이라고 덧붙였다. 하지만 아프로디테는 그의 말뜻을 알아차리고 그 청을 들어주었다. 그가 돌아와 조각상을 안고 키스하자, 상아로 만든 처녀가 홍조를 띠고 온몸이 부드러워지며 생명을 얻었다. 아프로디테는 피그말리온과 사람이 된 갈라테이아의 결혼을 축하해주었다. 이들은 훗날 아이를 낳았는데, 그 이름이 파포스이다.

이 피그말리온 신화는 대표적인 자기애적 사랑narcissistic love을 보여주고 있다. 그러나 물에 비친 자신의 모습을 사랑하여 끝내

물에 빠져 죽은 신화 속 나르키소스의 사랑은 비극으로 끝난 데 반해 피그말리온의 사랑은 해피 엔딩을 맞는다. 피그말리온이 이상적인 여인을 조각으로 만들어 사랑했을 때, 그것은 일종의 페티시이자 자위행위였다. 그러나 그녀가 실제 사람이 되면서 자위행위는 자기애적 사랑으로 탈바꿈한다. 이러한 유래를 바탕으로 피그말리온 사랑은 사랑하는 사람을 자신이 원하는 모습으로 만들고자 하며 이상적 존재에 탐닉하는 현상을 뜻한다.

영화계에서도 이러한 형태의 사랑을 종종 볼 수 있다. 예를 들면 감독이 여배우를 자신의 이상적인 이미지로 만들어내고 그녀와 사랑에 빠지는 경우다. 대표적으로 요제프 폰 스턴버그 감독과 배우 마를레네 디트리히의 관계를 꼽을 수 있다. 스턴버그 감독은 당시 무명 배우였던 디트리히를 과감하게 〈푸른 천사〉의 롤라 역으로 캐스팅한다. 그리고 이 영화는 디트히리를 완벽히 스타로 재탄생시켰다. 스턴버그는 디트리히를 할리우드로 데려가 머리끝부터 발끝까지 완전히 변신시킨다. 우선 몸무게를 30파운드(약 13kg)나 빼게 하고, 이를 뽑아 광대뼈를 더욱 두드러지게 했다. 눈썹을 잡아당겨 높게 그리고 코에 명암을 주어 콧볼이 좁아 보이도록 했으며, 머리에는 금가루를 뿌려 빛나게 했다. 더불어 당시로서는 파격적이라고 생각되는 의상을 입혀 고급 창녀 같은 이미지를 만들어냈다.

이후 스턴버그는 〈모로코〉, 〈금발의 비너스〉, 〈진홍의 여왕〉, 〈악마는 여자다〉, 〈상하이 익스프레스〉 등 일련의 영화를 만들면서 디트히리를 비롯해 가르보 등으로 시작되는 할리우드 요부 캐릭터의 계보를 탄생시킨다. 스턴버그는 카메라와 조명, 그리고 디트리히의 얼굴만 있으면 숨 막히는 아름다움을 만들어낼 수 있다는 자부심을 가지고 있었다. 그러나 그 둘의 관계는 순탄치 않았다. 둘은 이미 각자 결혼한 사람이 있었다는 사실보다는, 그녀에 대한 스턴버그의 소유욕과 집착이 둘의 관계를 더욱 어렵게 만들었기 때문이다. 스턴버그는 디트리히가 자신을 떠나자 불면증과 신경쇠약에 시달렸으며, 이후 감독으로서도 쇠락의 길을 걷게 된다. 훗날 디트리히는 '그는 나를 자기의 피그말리온으로 만들 생각밖에 없었다'고 지적했다.

이러한 일화는 피그말리온 사랑이 가지는 함정을 보여준다. 피그말리온 사랑은 자기가 창조한 사랑하는 대상을 소유하고 지배하려는 욕망을 내포한다. 과연 피그말리온은 자신이 조각한 갈라테이아가 진짜 살아있는 여성이 되었을 때, 그녀가 독립된 인간이라는 것을 받아들일 수 있었을까? 그리고 이전에는 불가능했던 여성과의 관계를 그녀와 정상적으로 맺을 수 있었을까?

영국 시인 로버트 브라우닝 역시 시 〈나의 전처 공작부인〉에서 이러한 피그말리온 사랑의 한 측면을 생생히 노래하고 있다. 이 시에서 공작은 방문객에게 공작부인의 초상화를 보여주며 그녀가 얼마나 아름다웠는지 찬양한다. 그러나 그녀는 '쉽게 기뻐하는 심장과, 쉽게 감동받는 마음'을 지니고 있었다. 그녀는 자신이 보는 모든 것을 좋아하며 다정히 미소 지었다. 그리고 공작은 자신이 건넨 귀한 선물과 노을빛 석양, 벚꽃 가지와 흰 노새가 그녀의 미소를 동등하게 자아낸다는 사실을 받아들이지 못했다. '그녀는 내가 지나칠 때면 미소를 지었소, 하지만 지나가는 누구에겐들 그러한 미소를 짓지 않으리?' 결국 공작은 그녀를 완전히 소유하고 '헤픈' 미소를 멈추기 위해 부인을 죽이고 그녀의 초상화를 독차지한다.

피그말리온의 사랑은 무생물인 조각에 생명을 불어넣었으나, 공작의 질투는 살아있는 존재보다 차라리 죽어있는 것을 사랑하게 만들었다. 이러한 피그말리온적 사랑은 상대가 자신과 다른 독립된 인격체라는 것을 견디지 못한다. 그래서 피그말리온 타입의 연인은 상대를 가르치고 자기가 원하는 대로 바꾸려 하며, 상대가 가보지 못한 곳을 보여주고, 읽지 않았던 책을 읽게 하며, 상대가 경험하지 못했던 기쁨을 경험시켜 주고, 상대의 말투나 매너, 옷 입는 법까지 자신이 바라는 대로 만들려고 한다. 무엇보다 가장 위험한 것은 자신이 창조해낸 상대를 독점하고 지배하려 드는 것이다.

이러한 피그말리온적 사랑은 여러 영화에서 드러난다. 우선 조지 버나드 쇼의 희곡 〈피그말리온〉을 뮤지컬과 영화로 만든 〈마이 페어 레이디〉를 대표적으로 꼽을 수 있다. 오드리 헵번과 렉스 해리슨 주연의 이 영화는 언어학자인 히긴스 교수가 런던의 꽃팔이 소녀를 6개월 만에 귀부인으로 만들겠다고 친구와 내기하고, 그녀를 런던 사교계의 멋진 귀부인으로 데뷔시킨 후 그녀와 맺어진다는 이야기다.

영화 〈귀여운 여인〉 또한 비슷한 사랑의 형태를 보여준다. 백만장자인 에드워드 루이스가 거리의 여인 비비안을 만나 그녀를 우아한 귀부인으로 탈바꿈시킨 후 사랑에 빠진다는 내용이다. 이역시 상대의 특성과 인격을 있는 그대로 존중하고 사랑하기보다는 상대를 내가 원하는 모습으로 변화시켜 사랑한다는, 지극히 위험한 자기애적 사랑을 보여주고 있다. 상대를 지배하고 소유하려는 사랑은 결국 사랑의 본질을 파괴하고 만다. 이는 상대에 대한 자신의 우월성을 주장하는 행위로서 상대의 가치를 손상시킨다. 그러면 종국에는 상대를 숭배하고 경탄하고자 했던 그의 의도도 모순에 부딪히게 된다.

어떤 사람들은 사랑을 주고받는 것을 굴복으로 느껴서, 오직 갈망으로서의 사랑만을 경험하고 싶어 한다. 그러나 그들은 자신이 그토록 바라고 이상화했던 모습을 상대에게서 그대로 보존할 수 있다고 한들, 곧 현실에서 상대가 자신을 사랑한다는 사실을 믿을 수 없게 될 것이다. 상대가 가진 모든 것을 그들이 강압적으로 요구하여 만들어냈기 때문에, 그 사랑마저 상대방의 자유로운 의지인지 자신의 요구가 만들어낸 결과인지 알 수 없게 되는 것이다.

사르트르는 연인들이 느끼는 이러한 딜레마의 핵심을 짚어내기도 했다. '연인은 상대를 하나의 대상으로 소유하려 하는 동시에, 상대가 자유로운 존재로 남아서 자신을 자유의지에 따라 사랑해주길 바란다'는 것이다. 조작할 수 없는 것을 조작하고, 강압할 수 없는 것을 강압하려다 보면 자신도 모르는 사이에 그 사랑은 진정한 관계의 교류가 아닌 엉뚱한 방향으로 뻗어나가고 만다. 그것이 우리가 바라는 사랑의 최종 형태는 아닐 것이다. 모든 연인은 상대방에 대한 권리를 어느 정도 갖길 원하지만, 그럼에도 상대방이 작위적인 방법을 통해서가 아니라 자발적으로 자신을 사랑해주기를 원하기 마련이니까.

사랑의 종말이
마치 죽음처럼 느껴질 때

- 〈봄날은 간다〉,
허진호, 2001.

실연은 일종의 죽음이다. 그것은 사랑하는 사람의 죽음이며, 사랑받았던 자신의 죽음이고, 둘이서 창조했던 한 세계의 죽음인 동시에 그토록 꿈꿨던 이상적인 사랑의 죽음이기도 하다. 그래서 실연은 때로 '죽음보다 더한 고통'으로 다가온다. 젊은 베르테르가 실연당한 후 권총 자살로 생을 마감한 것도, 카미유 클로델이 로댕과 결별한 뒤 정신병원에 갇혀 비운의 생을 보낸 것도 바로 이런 이유에서다.

이렇게까지 극단적인 경우는 아니더라도 실연은 분명 우리가 살아가면서 겪는 커다란 고통 중 하나다. 많은 연인이 헤어진 후 눈물과 고통으로 밤을 지샌 경험이 있을 것이다. 그러나 흔히 말하듯 아픈 만큼 성숙해지는 것도 사실이다. 인생이라는 여행에서 종종 마주하는 이 험난한 산행에서 우리는 무엇을 배우고 얻어가게 될까. 실연의 산을 한번 넘어선 사람은 앞에 놓인 또 다른 산을 오를 수 있는 체력이 생길 것이다. 산속에서 무엇을 만나는지 알게 됐기 때문에 다음 산행에서 예상된 위험을 피할 수 있고, 어떤 산이 오를 만한 가치가 있으며 진정한 아름다움을 간직하고 있는지 볼 수 있는 시야도 생긴다. 그리고 산 정상에서 발견한 가치를 토대로 다음 여행을 더욱 의미 있게 계획할 수도 있을 것이다.

우리가 사랑할 때 자아가 확장되는 경험을 하는 것처럼, 우리는 사랑을 잃어버릴 때 자아가 수축하고 감소하는 것을 느끼게 된다. 사랑할 때 느낀 충만함이 마치 환상이었던 것처럼 허탈하고 공허해지는 것이다. 사랑 중에 느꼈던 합치의 희열은 반대로 실연 후의 외로운 자아를 더욱 상처받기 쉬운 상태로 만든다. 연인이 함께 만든 '우리'라는 세계는 이제 '나'라는 원소로 환원된다. 자신만이 상대방의 유일한 사랑이라 여겼던 행복감이 사라지고, 고갈되고 무가치하며 무의미한 자신만이 홀로 남는다. 실연은 단순히 사랑하는 사람을 잃은 상실감에 그치지 않고, 한 사람의 자아 중심부를 강타하여 그것을 흩트리고 부수어버리기도 한다. 그래서 실연의 감정은 더욱 복잡해질 수밖에 없다.

실연은 누구에게나 언제든지 닥칠 수 있는 일이다. 헤어짐은 사랑이 시작할 무렵에도, 사랑이 오랜 기간 유지된 후에도, 혹은 결혼 후에도 올 수 있다. 한순간에 사랑이 식을 수도 있겠지만 보통 그 일은 금방 눈치채지 못할 만큼 서서히 일어난다. 사랑이 식어서 어떤 행동을 한다기보다는 기존에 했던 행동을 조금씩 안 하는 것으로 드러나기 때문이다. 애정 어린 애칭을 부르는 횟수가 줄어들고, 상대에게 관심이 적어지고, 이 문제에 관해 대화하기를 회피한다. 변화를 눈치챈 쪽에서는 내심 불안하지만 처음에는 그 사실을 완전히 받아들이지 못하고 부인한다. 그러다가 점점 연인의 마음이 멀어지고 있다는 것을 느끼고, 더 이상 할 수 있는 일이 없다는 것을 깨닫는다. 그리고 마침내 상대가 '더 이상 당신을 사랑하지 않는다'고 통보하면 물러날 곳 없이 현실을 맞닥뜨리게 된다.

사랑하는 사람의 마음이 내게서 떠났다는 것을 직면하고 인정하는 데에는 오랜 시간이 걸릴 수도 있다. 이 사실을 인정하고 싶지 않은 간절한 희망이 현실에 대한 판단을 왜곡시키기도 하기 때문이다. 어떠한 대가를 치르더라도 연인을 붙잡아두고 싶은 마음에 상상력을 동원하여 사태를 이해하려고 노력할 수도 있을 것이다. 마치 사랑을 시작할 때 상대방을 자신의 상상대로 이상화했던 것처럼. 이때 우리는 사랑이 끝났다는 명백한 신호를 읽지 않으려 하고, 반대로 사랑이 회복될 수 있다고 여겨지는 모든 거짓된 신호에 집착한다. 거짓 희망으로 자신을 괴롭히고, 이미 깨어진 혼자만의 약속에 매달리게 된다. 자신이 완전히 버림받았다는 걸 깨달은 후에도 현실을 외면하며 우리의 이별에 다른 이유가 있다는 착각을 붙잡으려 노력하기도 한다. 그 사랑은 자신의 모든 희망이요, 야망이며, 존재 이유였기 때문이다.

끝내 일방적인 이별을 통보받은 뒤에 우리가 할 수 있는 선택은 두 가지 정도다. 현실을 직면하고 이별 후에 오는 모든 것을 받아들일 준비를 하거나, 현실을 부정하며 여전히 실낱 같은 희망에 매달리는 것이다. 떠나간 사랑을 붙잡기 위해 우리는 할 수 있는 모든 방법을 동원하여 상대의 마음을 돌려놓으려고 애쓴다. 선물 공세, 지킬 수 없는 약속, 혹은 무관심한 척 질투심을 자극하는 방법을 쓰기도 하지만 이러한 시도는 자신을 더 상처입히는 결과로 이어질 때가 많다.

반대로 실연을 받아들이고 사랑을 포기할 때, 우리는 자신이 사랑했던 사람이 실은 별 가치기 없었다는 사실을 확인하려고 노력하기도 한다. 하지만 자신의 사랑이 일시적이었으며 내 연인이 그렇게 가치 있는 사람이 아니었다는 것을 인정하게 되면, 이번에는 내 사랑에 근거가 그만큼 빈약했다는 사실에 두려움을 느끼게 된다.

일반적인 사랑의 종말은 결국 희망을 거두고 무감각과 우울을 번갈아 경험하다가 회복되는 과정을 밟는다. 이 고통스러운 과정에서 자신도 제어할 수 없는 행동에 몰입하기도 한다. 수시로 전화를 걸어 목소리를 듣거나, 관심을 끌기 위해 사고가 난 것처럼 거짓말을 하거나, 상대가 있을 만한 곳을 찾아다니며 우연한 만남을 가장하는 것처럼 말이다. 연애할 때 상대방을 떠올리면 세상에 무서울 것이 없이 자유로워지는 느낌을 받았던 것과 달리, 그에 대한 생각은 이제 우리를 속박한다. 그리고 결국 현실을 인정하게 되면 무기력감에 주체할 수 없는 분노를 느끼기도 한다.

이 모든 과정은 사실 우리가 사랑하는 사람의 죽음에 대해 보이는 애도 과정과도 비슷하다. 영국의 심리학자 볼비는 애도 과정을 4단계로 구분했는데, 첫 번째 단계는 죽음을 받아들이지 않고 부정하는 것이다. 두 번째 단계는 죽은 사람을 매우 그리워하고 집착하는 것, 세 번째 단계는 인생의 의미를 잃은 듯 절망하는 것이다. 그리고 마지막으로 상실의 통증을 이겨내고 현실로 복귀하며 회복의 단계를 겪는다. 그런데 실연의 과정도 이와 비슷한 코스를 밟는다. 실연 역시 가장 사랑했던 사람에 대한 일종의 죽음이자, 동시에 그에게 사랑받던 자신의 죽음이기도 하기 때문이다.

영화 〈봄날은 간다〉에서 상우는 자연의 소리를 채집하는 사운드 엔지니어로, 강릉 방송국의 PD이자 DJ로 일하는 은수를 만나 불같은 사랑에 빠진다. 그리움은 한밤중에 상우를 서울에서 강릉까지 달려가게 만들고, 은수를 차가운 밤길 위에 쭈그리고 앉아 연인을 기다리게 만든다. 그러나 영원할 것 같았던 둘의 사랑이 삐걱거리면서, 은수는 차갑게 돌아서고 혼자 남은 상우는 실연의 고통에 어쩔 줄 모른다. 그는 은수의 사랑이 식었다는 사실을 부정하며 그녀에게 매달리다가 분노하고 끝내 절망한다. 이제는 사랑이 아닌 분노가 그를 한밤중에 서울에서 강릉까지 내달리게 하고, 사랑했던 연인의 새 차를 긁어버리는 유치한 행동까지 하게 만든다. 아무도 만나지 않고 겨울 내내 홀로 괴로워하던 상우는 할머니의 죽음을 계기로 서서히 정신을 차리고 일어난다. 그리고 다시 녹음기를 잡고 자연의 소리를 채집하러 가는 그에게 더 깊고 아름다운 세상의 소리가 선명하게 들려온다.

이 영화는 실연의 고통과 그 과정을 생생하게 보여준다. 그리고 그것은 과거 행복했던 남편과의 추억만을 기억하고 나머지는 다 잊어버린, 상우의 치매 걸린 할머니로 은유되기도 한다. 그러나 꽃분홍 치마저고리를 입고 과거에 묻혀 살아가던 할머니에 반해, 상우는 결국 그 기억을 뒤로한 채 현실로 돌아온다.

오히려 이 영화에서 진정으로 불행한 사람은 바로 은수다. 은수는 애도를 하지 못하는 인물이다. 한순간 불같은 사랑에 빠졌다가 그 열정이 식으면 곧 다른 사랑을 찾아 떠난다. 그녀에게 모든 사랑은 똑같은 방식으로 반복되며, 타인의 감정과 고통에 공감하는 능력은 결여되어 있다. 어찌 보면 열정적인 사랑이라는 꿈에 파묻힌 채, 치매 걸린 할머니와 같은 세계를 살아가는 셈이다. 상우가 진흙탕 같은 실연의 고통에서 벗어나 세상의 아름다운 소리를 다시 듣게 될 때까지도 은수는 여전히 쳇바퀴 같은 세계에서 벗어나지 못하고 머물러 있다.

사실 실연의 과정에서 가장 근본적이고 보편적인 고통은, 아무에게도 보여주지 않았던 자신의 내면 깊은 부분을 상대에게 보여주었다는 사실에서 비롯된다. 내가 지니고 있던 어둡고 부적절한 것조차 모두 들여다보고 나를 사랑했던 사람을 통해 자존감을 넘어 자기 정체성을 확인받았던 사람이라면, 그 상실의 고통은 배가 될 수밖에 없다. 그러나 대부분의 사람이 결국은 고통을 이겨내고 회복한다. 한바탕 감정의 회오리를 겪고 난 뒤, 이제 그 사랑은 마음속 한 편의 영상테이프로 남는다. 그리고 이후의 어떤 사건이 그것의 재상영을 멈출 때까지, 테이프는 희미하고 몽롱하게나마 계속 홀로 상영되고 있다. 우리의 내부 어딘가에 남아 우리의 정서와 정체성을 형성하는 데 어떠한 역할을 하게 되는 것이다. 사랑은 때로 슬프고 쓰라리게 끝나지만, 그럼에도 우리가 누렸던 기쁨과 여러 변화는 사랑이 끝난 후에도 여전히 가치 있는 경험으로 남는다. 불행하게 끝난 사랑이라 한들 그 경험이 남긴 것마저 전적으로 부정적인 것은 아니다. 어떤 성공적이지 못한 사랑은 성장을 촉진시키고 자아를 확장시키기도 한다. 물론 이러한 효과는 몇 달이나 몇 년 후에 입증될 수도 있지만 말이다.

그래서 이미 끝나버린 사랑에 대한 향수는 여전히 우리에게 중요하다. 우리는 지나간 사랑을 회상할 때 표면에 드러난 이야기 뒤에 숨겨진 두 번째 이야기를 상상할 수 있다. '만일' 상우가 은수의 참모습을 조금 더 일찍 볼 수 있었더라면, '만일' 은수가 그때 조금 다른 선택을 할 수 있었더라면. 우리는 일어나지 않은 두 번째 가능성을 통해 영원히 죽지 않는 사랑을 꿈꾸기도 한다. 사랑의 실패는 역설적으로 만약 그러지 않았더라면 이룰 수 있었던 완벽한 사랑에 대한 희망을 보증해주는 셈이다. 그럼으로써 우리는 완벽한 사랑을 향한 우리의 이상화된 믿음을 유지할 수 있고, 우리의 꿈을 이루어줄 미래의 사랑에 대한 희망을 가지게 되는 것이다.

물론 불행한 사랑이 오랫동안 불행한 결과를 가져오기도 한다. 특히 이미 심리적으로 상처받기 쉬운 상태였다면, 실연의 상처로 계속 자존감이 떨어지고 미래에 대해 희망적인 시야를 갖는 것이 힘들어지기도 한다. 상처에서 쉽게 회복하지 못하고 여전히 지나간 사랑에 묶여 새로운 사랑을 하지 못하는 경우도 있다. 불행한 사랑으로 고통받는 사람의 유형은 매우 다양하기 때문에 특별히 어떤 한 종류의 심리적 문제가 실연 후 사람을 황폐하게 만든다고 단정할 수는 없다. 다만 우리는 자기 자신의 충족되지 않은 욕망과 좌절의 무게를 사랑의 무게 위에 더하게 된다. 상대를 인내할 수 있는 능력, 건강하게 용서할 수 있는 능력 등을 포함한 개인의 기질 역시 사랑의 운명을 결정짓는 요인이다. 그래서 사랑의 운명은 어떤 개인과 개인이 만나느냐에 따라 늘 새로운 방향으로 뻗어나간다. 그러니 어떤 사랑이 나를 고통스럽게 만들었다 한들 다른 사람과 다른 사랑을 시작한다면 또 새로운 형태의 사랑이 탄생할 것이다.

사랑은 우리 인생의 중심부에 놓인 중요한 요소 중 하나로, 다른 사람과의 관계를 유지시키는 매개체가 되기도, 그 자체가 인생의 의미를 찾아가는 이정표가 되기도 한다. 사랑과 건강하게 동반하기 위해서는 그것을 짓누르는 무거운 짐을 줄이고 지나간 사랑을 거름 삼아 다시 피어나는 힘도 필요하다. 사랑이 우리 삶에서 고통을 넘어 그 자체의 진정한 가치를 꽃피워내기 위해서는 말이다.

당신은 그 빨간 알약을 먹겠습니까

- 〈매트릭스The Matrix〉,
릴리 워쇼스키, 라나 워쇼스키, 1999.

영화관에 어느 멋진 남자가 검은색의 긴 바바리를 휘날리며 섹시하고 비장한 모습으로 서있는 포스터가 붙어있는 걸 보고 저 영화는 꼭 봐야겠다고 마음먹었는데, 뭐가 그리 바빴는지 한참 뒤에야 동네 비디오 가게에서 빌려 늦은 밤 영화 속으로 빠져들었다. 영화가 끝나자 뒤늦게 본 게 아쉬울 만큼 감탄이 절로 튀어나왔다. 혹시 〈매트릭스〉를 아직 안 보신 분들이 있다면 꼭 보시길. 훌륭한 액션부터 장면마다 드러나는 멋진 상상력과 그래픽, 그리고 인생에 대한 의미까지 뭐 하나 빠짐없이 인상 깊었다.

영화가 명화가 되기 위해서는 우리의 마음속 깊은 곳을 건드려야 한다. 〈매트릭스〉와 마찬가지로 공상 과학 영화인 〈에이리언〉이 4탄까지 나올 정도로 많은 인기를 얻은 것은 단순히 상상력을 잘 전개해서가 아니라 인생에 대한 깊은 통찰을 담아냈기 때문일 것이다. 물론 의미는 있으나 영화적으로 실패했다면 애초에 영화 자체를 안 볼 테니 따질 여지도 없을 것이고 말이다.

〈매트릭스〉의 배경은 사이버 세상이다. 사이버 공간은 이제 우리에게 익숙한 공간으로, 분리된 상상의 세계가 아니라 엄연히 실재하는 또 다른 세상이다. 많은 사람이 그곳에서 또 다른 생활을 누리거나 꿈꾸기도 하고, 한편으로는 그 속에서 헤어나오지 못할까 불안해하기도 한다. 또 현대사회를 살아가는 이들이라면 컴퓨터가 언젠가 인류를 지배할지도 모른다는 미래에 대한 막연한 두려움을 가져본 적이 있을 것이다. 누구나 해보았을 법한 이러한 생각을 다룬 영화가 바로 〈매트릭스〉다.

영화는 현재 우리가 살아가는 세상이 실재하는 곳인가, 만들어진 환상인가에 대한 무거운 화두를 던지며 시작된다. 평범한 회사원이지만 밤에는 해커로 활동하고 있는 네오는 이 세계가 '매트릭스'에 의해 지배되고 있다는 사실을 알게 되고, 그런 네오에게 접근한 모피어스가 그에게 알약 두 개를 내민다. 파란 약을 먹으면 가상현실일지라도 이전의 평범했던 일상으로 돌아갈 수 있고, 빨간 약을 먹으면 이 세계의 진실을 알 수 있다. 빨간 약을 선택한 네오는 인류가 기계에 지배당하며 가상현실에서 살고 있다는 사실을 알게 된다. 모두 실재하지 않는 환상 속에서 살고 있었던 것이다.

사람들이 느끼고 보는 것은 모두 가짜이며, 심지어 섹스조차 그렇게 느끼게끔 만들어진 프로그램일 뿐이었다. 그들은 사실 커다란 알 같은 공간에서 인공지능을 지닌 거대한 컴퓨터에 에너지를 착취당하며 생존하고 있었다. 하지만 사람들은 환상 속에서 스스로 행복하다고 느끼며 살아간다. 여기서 영화가 던지는 질문은 그렇게 현실을 모르는 채로 행복을 유지하며 살아갈 것이냐, 아니면 고통스럽더라도 빨간 알약을 먹은 뒤 환상을 깨고 진실된-자아true-self를 찾아 나설 것이냐 하는 문제다.

모든 사람이 알 속에서 탯줄처럼 컴퓨터에 연결된 채 태아의 모습으로 살아가고 있는 장면은 정신분석가 오토 랭크의 '출생의 충격birth trauma'을 그대로 영화화한 것이라고 해석할 수 있을 듯하다. 알을 깨고 탯줄을 자른 뒤 보게 되는 현실 세계는 이미 인간에 의해 파괴되고 황량해진 잔혹한 세상이다. 그 알을 깨고 나오는 사람은 모두 엄청난 충격을 받고 고통에 휘말리게 된다.

여기서 인간의 에너지를 받으며 그들을 조정하고 있는 거대한 컴퓨터는 바로 영국의 정신분석학자 멜라니 클라인의 대상관계이론object-relations theory에 나오는 '박해하는 어머니persecutory mother'의 상징이라고 볼 수 있다. 이는 유아가 내면에 있는 원시적인 사랑에 포함된 공격성을 어머니에게 투사하여 엄마가 자신을 박해할지도 모른다는 환상을 갖게 되는 것을 뜻한다. 그리고 아이는 점차 어머니와 자기가 독립된 개체라는 것을 깨달으며 일종의 자아를 정립해간다. 계속해서 조종당할 것인가, 아니면 독립된 개체로 분리되어 나올 것인가. 이 시점에서 바로 분리개별화separation-individuation의 과정을 겪게 되는 것이다.

세계와 자아는 두 개로 나뉜다. 환상의 세계와 그곳에 속한 '거짓된 자아false-self', 그리고 진실의 세계와 그곳에 속한 '진실된 자아true-self'. 둘 중 어느 쪽을 선택할 것인지는 우리의 몫이다.

결국 이 영화는 표상의 세계에 살고 있는 인간에 대한 깊은 이해를 보여주며 최종적으로 우리의 판타지까지 충족시켜준다. 힘을 얻은 영웅이 나타나 거대한 인공지능 컴퓨터를 쓰러뜨리고 인류를 구원하는 것이다. 우리는 착취하고 조종하는 어머니를 이겨내고 끝내 진실된 자아를 찾았다는 안도감과 후련함을 맛볼 수 있다. 물론 한 명의 영웅이 세계를 구원하는 결말은 어찌 보면 그들만이 세계를 구원할 수 있다는 전형적인 미국식 과대사고grandiosity의 발로라고도 볼 수 있겠지만, 어쩌겠는가. 우리가 그러한 영웅 스토리에 익숙하고 어린 시절 그에 대한 꿈을 품어왔던 것도 사실이니까.

〈매트릭스〉에서 특히 재미있는 점은 인공지능이 사람을 지배하는 매개체로 탯줄을 연상시키는 요소를 사용했다는 것이다. 어쩌면 사이버 세계가 우리의 정신에 영양분과 같은 요소를 공급하면서도 다른 한편으로는 우리를 중독시키고 꼼짝 못하게 묶어놓을 수도 있다는 양면의 상징인지도 모르겠다. 자아에 대한 의미 찾기를 할 수 있다는 것 외에도 이 영화는 기본적으로 무척 재미있다. 오래된 영화임에도 꾸준히 회자되는 데에는 그럴 만한 이유가 있는 듯하다.

부모가 없는 자리에서
아이들이 그려내는 세상

- 〈책상 서랍 속의 동화 一個都不能少〉,
장예모, 1999.

딸아이와 함께 영화 〈책상 서랍 속의 동화〉를 보러 갔다가, 딸보다 더 우는 바람에 주책이라는 핀잔을 듣고 말았다. 아직도 동화책을 좋아하고 잘 읽는 나는, 딸의 핀잔에도 불구하고 영화를 본 뒤에 가슴 가득 잔잔히 퍼지는 감동을 안고 돌아오는 길이 마냥 행복하고 충만했다. 영화는 이렇게 예기치 못하게 우리의 삶에 선물 같은 감동과 풍요로움을 선사할 때가 있으니, 어떻게 영화를 사랑하지 않을 수가 있을까.

〈책상 서랍 속의 동화〉는 1999년 개봉된 중국 장예모 감독의 작품이다. 한 시골 초등학교에서 아이들을 가르치던 가오 선생님이 병든 어머니를 돌보기 위해 한 달간 자리를 비우게 되어 학교에는 대리 교사가 필요해진다. 마을에 사람이 워낙 없어서 촌장님은 이제 막 초등학교를 졸업했을 뿐인 13살 소녀 밍지 웨이를 대리 교사로 추천한다. 영 못 미덥긴 하지만 별다른 수가 없어 밍지 웨이가 선생님 자리를 맡게 되고, 선생님은 분필 26개와 월급 50위안을 주면서 학생 수가 줄어들지 않으면 10위안을 더 주겠다고 약속한다. 가난한 아이들이 돈벌이 때문에 학교를 많이 떠나고 있기 때문에, 사실상 '한 명의 이탈자도 없게 하는 것'이 밍지 웨이에게 맡겨진 가장 중요한 임무다.

그런데 늘 말썽을 부리는가 싶던 10세 학생 한 명이 급기야 사리지고 말았다. 알고 보니 집이 너무 가난해서 도시로 돈을 벌러 갔다고 하는데, 가오 선생님의 당부를 떠올린 밍지 웨이는 그 학생을 찾아 다시 데려오기 위해 도시로 향하게 된다. 영화 〈책상 서랍 속의 동화〉는 그렇게 도시로 향한 밍지 웨이가 좌충우돌 끝에 무사히 시골 학교로 돌아오기까지의 과정을 잔잔하게 담고 있다.

어찌 보면 결코 가벼울 수 없는 주제지만 관객들은 말 그대로 동화 속에 초대된 것처럼 따뜻한 마음으로 그들의 일상과 꿈을 지켜보게 된다. 심지어 영화에 등장하는 이 학생들은 전문 배우도 아니라고 하는데, 이들에게 느껴지는 순박한 진심은 잊고 지냈던 우리의 옛 모습을 기억 저편에서 다정하게 꺼내어 올린다. 풍요롭지는 않았지만 해맑고 즐거웠던 학창 시절에 반에서 말썽꾸러기로 숱하게 여자애들을 울렸던 아이, 어른스러운 모습으로 학습 분위기를 이끌며 공부도 잘했던 아이, 왁자지껄하게 몸을 부딪치며 큰 소리로 웃던 아이들의 모습이 오랜만에 하나둘 떠오르는 듯했다. 영화 속 어린아이들에게 펼쳐지는 일들은 작은 재미와 함께 잔잔한 수채처럼 펼쳐지는데, 그럼에도 매 순간 놓치고 싶지 않은 장면들의 묵직한 힘이 이 영화를 끝까지 진득하게 이끌어간다.

사실 심리 분석적으로 영화를 들여다보면 〈책상 서랍 속의 동화〉는 부모 없는 아이들이 세상을 살아가고 어려움을 이겨내는 과정들을 보여주고 있는 듯하다. 《십오 소년 표류기》처럼 아이들이 부모와 떨어져 세상에 내동댕이쳐졌을 때의 상황을 그리는 이야기들이 많은데, 이 영화 역시 그 불안감을 어떻게 이겨낼 것인지에 대한 하나의 방법으로도 해석할 수 있겠다.

영화에는 부모들이 등장하지 않는다. 아버지와 같은 선생님이 떠나간 자리에 기껏해야 학생들보다 두세 살 많은 누나 선생님이 오는데, 그 누나 선생님은 세상에 대해 학생들보다 모르는 게 더 많다. 하지만 적어도 밍지 웨이는 자신이 뭘 해야 하는지는 잘 알고 있다. 비록 10위안을 더 받기 위한 약속 때문이긴 하지만, 잃어버린 학생을 찾기 위한 꼬마 선생님의 행로는 보는 사람들의 마음을 뭉클하게 한다. 그리고 그 과정에서 시골과 도시의 명확한 대비가 드러난다. 순박한 시골 생활을 나타내는 황토길과 아이들의 표정, 이와 대비되는 매끈한 포장도로와 빠르게 달리는 자동차가 상징하는 도시의 모습. 버스 안내양과 방송국 안내원은 도시의 차가움과 무심함을 상징하듯 도움을 청하는 아이에게 오로지 '규정대로 한다'는 말만 앵무새처럼 반복한다. 시골에서 늘 바쁘게 뛰어다니던 밍지 웨이가 도시에서 할 수 있는 것은 멀뚱히 서있는 일뿐이다. 그러나 밍지 웨이의 책임감과 믿음은 그 와중에도 일말의 온기를 찾아내고, 끝내 이야기를 행복하게 마무리지어 그들만의 동화를 완성한다. 마치 부모 없이도 아이들끼리 똘똘 뭉쳐 훌륭한 결과를 만들어낼 수 있다는 것을 암시라도 하듯이.

나는 〈책상 서랍 속의 동화〉가 현재 중국의 모습을 상징하고 있다는 느낌을 받았다. 이데올로기가 사라져가는 중국은 부모 없는 아이와 가난한 시골 생활로 표현되고, 쏟아져 들어오는 외래문화(아이들이 힘겹게 번 돈으로 코카콜라 두 병을 사서 번갈아 마시는 장면에서 상징되고 있다)와 이기직인 자본주의 속에서 그들이 똘똘 뭉쳐 자신들의 꿈을 이뤄내고 싶은 소망이 담겨있는 것이 아닐지.

이 영화에 흠이 있다면 마지막 자막이라 할 수 있겠다. 궁금한 분들은 영화를 찾아보시길. 아이돌과 같이 학교 다니는 꿈을 꾸다가 나의 재촉에 화들짝 놀라 깨어났다고 투덜거리던 딸아이의 마음이 이해되는 순간이었다. 가슴 가득 밀려오던 감동과 희망을 향해 '이건 현실이다'라며 깨어나게 하는 자막에서 옛날 새마을운동이 생각나기도 했다. 덕분에 나도 모르게 속으로 외쳤다.

"꿈 좀 꾸게 내버려 두라고요!"

단절된 세계에서
진실된 관계를 맺을 수 있을까

- 〈저수지의 개들Reservoir Dogs〉,
쿠엔틴 타란티노, 1992.

제목만 보면 저수지 근처에 사는 개들의 이야기인가 싶은데, 개처럼 사는 악당들을 다룬 영화이긴 하지만 끝까지 봐도 저수지는 보이지 않는다. 제목에 무슨 심오한 뜻이라도 있나 해서 원제를 찾아보니 〈Reservoir Dogs〉였다. 'reservoir'의 뜻은 저장소 혹은 저수지다. 영화에서 인물들이 주로 물고 뜯는 장소는 창고이니, 사실상 저수지가 아니라 창고 속의 개들인 셈이다. 창고보다는 어쩐지 저수지가 그럴 듯해 보이니 제목은 그렇다 치자. 〈저수지의 개들〉은 쿠엔틴 타란티노 감독의 전설적인 첫 연출작이다. 사실 검열 때문에 우리나라에서는 영원히 볼 수 없을 뻔했는데, 1994년도에 타란티노의 두 번째 작품 〈펄프 픽션〉이 칸 영화제에서 황금종려상을 수상하고 이듬해에도 아카데미 영화제에서 각본상을 수상하는 등

그의 명성이 알려지면서 뒤늦게 국내에 개봉됐다.

영화는 여덟 명의 남자들이 카페에 앉아 서로 잡담을 나누는 것으로 시작된다. 몇몇은 마돈나의 노래 'Like a virgin'에 대한 음담패설을 주고받는 중이고, 한쪽에서는 무리의 두목 격인 조 캐봇이 수첩을 뒤적이며 뭔가 타령을 하고 있다. 이때 '화이트'가 제대로 된 대화는 없고 서로 다른 이야기만 한다며 화를 내고는 조의 수첩을 빼앗는다. 그리고 팁에 대한 시시콜콜한 논쟁이 벌어지다가 이내 경쾌한 음악과 함께 약간 수줍은 듯한 얼굴의 배우들 소개가 이어진다. 첫 장면부터 무언가 암시하는 바가 큰 듯하다. 사소한 것에 목숨 걸고 논쟁하는 사내들, 서로 간의 진정한 대화가 없다고 화내는 남자, 그리고 이름 없이 서로를 '화이트, 오렌지, 밍크, 블론드, 블루, 브라운'의 색깔 이름으로 부르는 모습, 심상치 않은 일을 꾸미고 있는 듯하면서도 어딘가 농담 같기도 한 분위기……

그러다 차 안으로 화면이 바뀐다. 오렌지가 배에 총을 맞아 비명을 지르고 있고 화이트는 재빠르게 운전하는 중이지만 역시 두려움에 떨고 있다. 화이트는 긴박한 상황에서 오렌지에게 그동안 비밀로 한 자신의 본명과 고향을 말해주지만, 병원에 데려다 달라는 오렌지의 부탁은 무시하고 다른 일행을 만나기로 되어있던 창고에 도착한다. 곧이어 핑크가 도착하며 사건의 전모가 펼쳐진다. 이들은 보석점을 털다가 누군가의 밀고로 경찰들과 총격전을 벌였는데 그 와중에 팀원 몇 명이 죽고 나머지도 부상을 당한 상황이다. 밀고자가 누구인지를 두고 화이트와 핑크가 다투는 사이에 블론드가 도착한다. 그는 경찰을 잡아 차 트렁크에 가두어 데려왔고, 이 경찰을 통해 밀고자를 알아내려고 한다.

여기서 화면은 갑자기 과거로 돌아간다. 이 영화는 시간 순서를 따르지 않고 잦은 플래시백으로 과거를 복기하며 장면이 전환되는데, 이 장면이 시간상으로는 가장 앞서는 부분이다. 조 캐봇은 아들 에디의 도움을 받아 보석점을 털기 위한 여섯 명의 이방인을 모은다. 조는 혹시라도 외부에 서로의 신분을 노출하지 않도록 어떤 정보도 교환하지 말라고 지시하고, 이들은 서로를 각기 색깔 이름의 가명으로 부르게 된다.

다시 화면이 바뀌어 창고 안으로 돌아온다. 조의 아들 에디가 도착했다. 그는 훔쳐낸 보석을 핑크가 숨겼다는 사실을 알게 되고, 에디와 핑크, 화이트가 보석을 찾으러 나선다. 그런데 이때 갑자기 블론드가 미쳐 날뛰기 시작하더니 잡아온 경찰을 고문하고 그의 귀를 잘라버린다. 그리고 그 경찰의 몸과 주위에 석유를 뿌리더니, 성냥불을 켜고 그에게 다가간다. 이 갑작스러운 행동은 밀고자를 알아내기 위한 것이라기보다, 그저 자신의 흥분을 이기지 못하는 듯한 모습이다. 그때 들려오는 한 방의 총소리. 부상으로 쓰러져 있던 피투성이 오렌지가 쏜 것이었다. 그가 밀고자, 아니 사실은 잠입 경찰인 프레디였던 것이다.

다시 장면이 거슬러 올라가며 프레디가 어떻게 오렌지가 되었는지 드러난다. 보석점 털이범들을 잡기 위해 위장 잠입을 하기로 한 그는 갱단의 일원이 되기 위해 이야기를 꾸며내느라 고심한다. 갱단에서 쓰는 은어와 화려한 전과 기록에 대한 대본을 만들어 연습한 끝에 그는 갱단들을 속이고 보석 털이범들의 일원으로 무사히 잠입할 수 있었다.

다시 창고. 보석을 찾아 돌아온 에디 일당은 난장판이 된 창고를 보며 어리둥절한다. 그때 마침 도착한 두목 조가 오렌지를 잠입 경찰로 의심하며 그에게 총을 겨눈다. 그런데 화이트가 오렌지를 비호하며 두목 조에게 총을 겨누고, 그 모습을 본 에디는 화이트에게 총을 겨눈다. 그렇게 세 사람이 서로 총을 겨누고 있는 긴박한 순간에 경찰이 들이닥치고, 상황은 더욱 극단으로 치닫는다. 셋 모두가 총을 발사하고 결국 다들 죽음을 맞이하는 것으로 영화는 막을 내린다.

〈저수지의 개들〉은 정신과 분야에서 반사회적 인격장애를 묘사한 대표적인 영화로 꼽힌다. 등장하는 인물들 대부분이 반사회적 인격장애를 보이기 때문이다. 사소한 것에 쉽게 흥분하고 도무지 자기 통제라곤 찾아볼 수 없으며, 인정머리 없고 진실한 관계를 맺는 것은 두려워하는 사람들, 그리고 극한 상황에 달할수록 미쳐 날뛰는 모습. 그러나 좀 더 자세히 들여다보면 이 영화에서는 주로 폐소공포증과 관련한 면모들을 찾을 수 있다. 첫 장면부터 두 사내가 피범벅이 된 채로 차 안에 갇혀있고, 이내 모두 허름한 창고에 갇히게 된다. 도망갈 곳이라곤 없다. 그리고 역시 차 트렁크 안에 갇혀 실려온 경찰관까지.

폐소공포증이란 좁거나 밀폐된 공간에 있을 때 극한의 두려움을 느끼는 병이다. 밀폐된 공간에 대한 공포 때문에 환자들은 엘리베이터나 지하철 등을 타지 못하고, 그 안에 갇혀있으면 극심한 불안감으로 인해 공황발작을 일으키기도 한다. 밀폐된 장소에 갇혀 질식하고 결국 영원히 빠져나오지 못할 것 같다는 생각은 통제당하는 것에 대한 두려움과도 연관이 있다. 분석적인 측면에서 폐소공포증은 어머니의 몸 안에 갇혀 나오지 못할 것 같은 두려움과 연결지어 해석한다. 더불어 자신의 공격성이 어머니의 몸을 파괴하고 곧 자신에게 되돌아와 자신까지 파괴할지 모른다는 두려움, 그 때문에 폐소공포증을 앓는 이들은 필사적으로 밀폐된 공간을 탈출하려고 한다.

자아가 잘 발달하지 못한 범죄자 악당들이 이토록 두려운 폐소공포증을 겪었으니 그 증상이 어떻겠는가. 이러한 관점에서 보면 중간에 블론드가 갑자기 미쳐 날뛰는 이유도 짐작해볼 수 있다. 그의 취약한 자아는 갇혀있는 공간에 대한 두려움과 곧 밀어닥칠지도 모르는 경찰에 대한 두려움을 이기지 못하고 분열되어 버리는 것이다. 그리고 그들 모두는 그렇게 퇴행하고 박멸되어 간다. 여기서는 불신과 파괴, 제어하지 못하는 공격성과 두려움, 그리고 파멸밖에는 없다. 아무도 진실한 관계를 갖지 못하고 서로가 서로를 의심하며 죽이고 마는 비열한 세계다.

자연스럽게 한 가지 궁금증이 생긴다. 왜 화이트는 끝까지 오렌지를 감싸고 보호하려 한 것일까. 화이트는 이들 중에서 그나마 진정한 관계를 원하는 사람이다. 함께 도망치던 순간에 그는 오렌지에게 자신의 이름과 고향을 가르쳐준다. 즉 상대에게 자신의 참모습을 보여주는 유일한 인물인 것이다. 그래서 화이트는 오렌지를 지키기 위해 보스의 명령을 어겨가며 오히려 그에게 총구를 들이댄 것이 아닐까.

결론적으로 이 영화는 갇힌 공간에서 서로 허우적대며 살아가는 현대인을 풍자하는 동시에 그들의 단절된 삶에 대한 풍자도 다루고 있는 것으로 보인다. 진정한 관계가 결여된 사회……. 쿠엔틴 타란티노의 다른 영화 〈펄프 픽션〉의 첫 장면에서도 배신자를 처단하러 간 깡패 두 명이 문 앞에서 시로의 이름과 고향을 묻는 장면이 나온다. 타란티노는 서로의 실체와 근원을 알고 진실한 관계를 맺어야 하는 필요성을 풍자적으로 묘사하면서, 현대인의 삶이 얼마나 단절되어 있고 각자의 세계 속에 갇혀 파멸되고 있는지를 자신만의 독특한 연출 스타일로 보여준다.

과거와 현재를 알맞게 이동하며, 마치 폐소공포증 환자를 분석해가는 과정을 보여주는 듯한 영화 〈저수지의 개들〉. 더불어 적당한 풍자와 유머를 곁들여 인간 본성의 추악한 면조차 그리 힘들지 않게 볼 수 있게 만드는 특유의 연출 기법. 과연 타란티노의 명성에 고개가 끄덕여진다.

'그들은 오래오래 행복하게 살았습니다'
그 다음은?

- 〈슈렉 포에버 Shrek Forever After〉,
마이크 미첼, 2010.

아기가 세상에 태어나 처음 접하는 세상은 어떤 느낌일까. 숨 쉬는 노력조차 필요 없는 엄마의 자궁 속, 세상에서 가장 안락하고 편안한 곳에서 엄마의 심장박동 소리를 자장가 삼아 둥둥 떠다니다가 세상 밖으로 나왔을 때, 아기는 이제 모든 게 달라졌다는 사실을 알게 된다. 이전에는 어머니와 내가 온전히 하나였는데 어느 순간 다른 개체로 분리되어 혼자 할 수 있는 일이라곤 그저 울고 발버둥치며 배고픔과 불편함을 호소하는 것뿐이다. 무력하고 불완전한 존재로 세상에 나와 나라는 독립된 존재를 받아들인다는 것은 태어나 처음 겪는 엄청난 충격일 것이다.

그래서 오토 랭크라는 분석가는 사람이 받게 되는 충격의 원형으로 '출생의 충격'을 꼽기도 했다. 하지만 완전한 엄마의 통제와 보호 속에서 벗어나 나 자신을 자각하기 시작하면 어느덧 세상이 호기심과 활력으로 가득하다는 것을 알게 된다. 다만 그 갑작스러운 변화를 이해하고 적응해 나가는 과정에 부모의 도움이 필요한데, 이때 아이에게 도움이 되는 것 중의 하나가 바로 부모님이 잠자리에서 들려주는 옛날이야기다.

아이들은 자라면서 수많은 동화를 접한다. 아직 낯설기만 한 세상을 접하고 이해하고 갈등하는 데 있어 동화는 아이들에게 좋은 해결책이자 친구가 되어주는 매개체다. '옛날 옛적에'로 시작하는 동화 속에서 아이들은 소중한 동물 친구들을 만나기도 하고, 용감한 영웅이 되어 괴물을 물리치기도 하면서 용기를 얻고 꿈꾸는 법과 서로 사랑하는 법을 배운다. 다만 동화는 아이들의 시각에 눈높이를 맞추기 때문에, 동화 속의 세상은 선과 악으로 명확히 구분되는 경우가 많다. 그리고 갖은 고난 끝에 끝내는 선이 이기는 결말을 보여주는 것으로 아이들의 가치관 형성에 많은 영향을 준다.

그래서 대다수의 동화는 승자의 이야기를 다룬다. 주인공은 악당이나 괴물을 상대로 늘 승리를 거머쥐고, 그렇게 패배한 자들의 뒷이야기에는 아무도 관심을 갖지 않는다. 또한 선한 쪽은 항상 아름답다. 신데렐라가 착하기만 하고 예쁘지는 않았다면 왕자의 사랑을 받을 수 있었을까. 잠자는 숲속의 공주가 예쁘지 않았다면 그렇게 많은 왕자가 목숨을 걸고 공주를 구하려 했을까. 공주를 구한 왕자가 못생기고 볼품없었다면 공주는 왕자와 사랑에 빠졌을까. 《미녀와 야수》에서 야수는 결국 잘생긴 왕자님이 되어 사랑을 완성시키고, 미운 오리 새끼는 결과적으로 백조가 되어 우아함을 뽐낸다. 이런 동화들은 아이들이 은연중에 외적인 미에 많은 가치를 두게 만든다.

그러나 동화 밖으로 나와 현실적으로 생각해 보면, 끝내 백조가 될 수 없는 미운 오리 새끼는 어떻게 살아야 할까? 미모와 능력을 겸비하지 못한 평범한 사람들은, 또 괴물과 대적할 만한 용기가 없는 소심한 사람들은 어떻게 살아가야 할까. 애석하게도 많은 동화에서 이를 가르쳐주지 않는다.

그래서 영화 〈슈렉〉의 등장은 획기적이면서도 반가웠다. 이번엔 공주님이나 왕자님이 아니라 못생기고 냄새까지 심해 사람들에게 혐오감과 공포감을 주는 괴물 슈렉이 주인공으로 등장한다. 슈렉은 사람들이 자신을 피하는 것을 알기에 외로움에 대한 방어로 '괴물 조심'이라는 팻말을 걸어놓고 오히려 사람들을 그의 세계로부터 고립시키는 방법을 택했다. 그러던 어느 날, 슈렉의 집에 동화를 싫어하는 성주로부터 추방된 동화의 주인공들이 모여든다. 슈렉은 고요한 자신의 일상을 되찾으려다 성주의 꾐에 빠져 동화 나라의 공주를 구하러 가고. 거기서 결국 공주와 사랑에 빠져 결혼까지 하게 된다. 이 과정에서 고독과 소통에 대한 많은 은유와 고정관념의 파괴가 웃음을 자아낸다. 그리고 결과적으로 마법이 풀린 피오나 공주는 사실 슈렉과 꼭 닮은 추녀였다는 사실도 반전을 준다.

2001년에 개봉한 〈슈렉〉은 이후 시리즈 2, 3에 이어 2010년에 〈슈렉 포에버〉까지 총 네 편의 연작을 선보였다. 마지막으로 개봉한 〈슈렉 포에버〉에서는 슈렉과 피오나 공주의 행복한 결혼 생활 그 이후의 현실적인 이야기가 펼쳐지는데, 바로 권태기다. '그들은 이후 오래오래 행복하게 살았습니다'로 끝나기 마련인 동화의 뒷이야기가 그려지는 셈이다.

세쌍둥이를 낳고 행복한 결혼 생활을 하던 슈렉 부부에게도 차츰 권태로움이 찾아온다. 슈렉은 과거의 자유롭던 시절에 대한 향수를 느끼고, 특히 사람들에게 겁을 주며 괴물로 살았던 시절의 짜릿함을 그리워한다. '단 하루만 자유로워진다면……'을 꿈꾸던 슈렉은 왕국을 차지하려는 악당 럼펠에게 속아넘어가 그에게 '일생의 하루'를 팔아치운다. 이것은 마치 젊음을 되찾기 위해 악마에게 영혼을 판 파우스트를 떠올리게 한다. 끊임없이 자신이 가지지 못한 것을 동경하며 자신의 주변에 있는 진짜 소중한 것들을 놓치는 것은 사람이나 괴물이나 마찬가지인 모양이다.

어리석은 인간들이 모두 그러하듯 슈렉 또한 시행착오를 겪고 대가를 치르고 나서야 비로소 자신의 옆에 있는 가족들이 얼마나 소중한지 깨닫는다. 다행히 슈렉은 친구들과 피오나의 도움으로 '일생의 하루'를 넘긴 대가로 자신의 존재가 사라질 위기를 무사히 극복해낸다. 환상 속의 반란만으로 권태기의 실수를 경험하고 현실로 돌아왔으니, 럼펠의 속임수가 오히려 행운이었던 셈인지도 모르겠다. 이 영화의 제목은 〈슈렉 포에버〉, 말 그대로 '슈렉이여 영원하라'라는 뜻이다. 그러나 영화 속의 슈렉은 이제 문명에 길들여진 인간에 가까운 존재이지, 예전처럼 반항적이고 무서운 괴물 같은 존재는 아니다. 문명화된 슈렉이 자기 안에 있는 야성의 슈렉을 일깨우고 그리워하지만, 끝내는 소중한 일상으로 되돌아오는 영화. 슈렉은 동화 속의 공주님, 왕자님이 아닌 평범한 소시민들, 심지어 괴물 같은 이들조차 동화에 녹여내어 실제로 우리가 겪는 현실과의 교집합을 자연스레 떠올려보게 한다.

2.

우리는 왜 내면의 상처를
지니고 살아갈까

외로운 예술가는
어떻게 세상과 소통하는가

- 〈가위손Edward Scissorhands〉,
팀 버튼, 1990.

우리 마음속에는 저마다 아이가 한 명씩 살고 있다. 네버랜드로 날아간 피터팬처럼 더 이상 자라지 않으며 자라고 싶지도 않은 아이. 성장을 멈추고 아이로 남은 탓에 어린아이의 시선, 두려움과 공상 역시 고스란히 간직하고 있는 아이. 그 아이의 세계와 공상이 어른이 된 우리의 몸 밖으로 튀어나오려 할 때면 우리는 걷잡을 수 없는 불안에 휩싸이게 된다. 정신분석적으로 그 아이를 '우리 마음속의 아이the child within'라고 부른다. 그 아이의 불안을 잠재우는 길은 성장을 멈추어버린 아이에게 다시금 성장의 기회를 주는 것이다. 그리하여 그 아이가 어른의 시각과 사고로 세상과 자신을 큰 두려움 없이 바라보는 힘을 갖도록 하는 것이고, 그게 바로 정신치료의 과정이기도 하다.

그러나 때로 그 아이의 존재는 우리에게 아련한 향수와 잃어버렸던 세상의 신선함, 그리고 즐거움을 주기도 한다. 그러면 우리는 잠시 현실의 복잡함에서 벗어나 아이의 시선으로 세상을 느끼고 즐길 수 있다. 잠시 돌아가 쉴 수 있는 나만의 네버랜드를 간직하는 것은 한편으로 얼마나 큰 축복인가. 모든 놀이나 예술 작업의 근본이 되는 이 현상을 다시금 정신분석적으로 말하자면 '자아에 의한 퇴행regression in the service of ego'이다. 문제는 그 아이가 어떤 아이인지, 또 그 아이가 가진 두려움이나 불안, 분노 등이 어떤 형태이며 얼마나 큰지에 달렸다.

이 아이의 시선을 고스란히 영상화시켜 담아내는 영화감독으로 팀 버튼을 꼽을 수 있다. 그는 이미지화한 자신의 내적 세계를 스크린에 시각적으로 화려하게 펼쳐놓는 능력 덕분에 천부적인 재능을 가진 영화감독이라고 불린다. 그걸 보는 관객들은 그가 선보인 이미지의 세계로 서서히 빠져들어 그와 같은 불안이나 두려움, 기괴함 등을 경험하게 된다. 그러나 그 모든 감정은 이미 우리가 자라는 동안 세상을 바라보며 겪어온 것들이기에 마냥 낯설지만은 않은, 어디선가 본 듯한 이미지로 다가온다. 아마 그 때문에 때론 황당하기조차 한 그의 영화들이 도리어 친숙하게 느껴지는지도 모른다.

팀 버튼의 영화는 대부분 그의 내적 심리 상태를 그대로 투영하고 있는 것처럼 보인다. 때로는 영화의 흐름이 무의식의 사고 법칙인 일차사고과정primary process thinking을 따르다 보니, 논리적이며 현실적인 이차사고과정secondary process thinking과는 달리 과거와 미래가 혼재되어 있거나, 현실을 무시하고 상상과 사실을 구분하지 않으며, 상반된 사고와 감정들이 나란히 배치되기도 한다. 그래서 그의 영화를 감상할 때는 논리적인 연결이나 스토리를 기대하기보다 무의식의 영상들이 산발적으로 흩어져 서로 연결되는 것을 있는 그대로 들여다보는 것이 더 즐겁다.

특히 영화 〈가위손〉은 감독 팀 버튼의 심리적 자서전이라고 불릴 만큼 그의 내적 세계와 외부 세계에 대한 표상들을 잘 담고 있는 작품이다. 이 영화는 어느 눈 내리는 밤, 할머니가 손자에게 들려주는 동화 같은 이야기에서 시작된다.

"옛날 한 평화로운 시골 마을에 으스스한 성이 있었단다. 그 성에는 한 과학자가 살고 있었지. 그 과학자는 외로운 나머지 과자 만드는 로봇에 심장 모양의 쿠키를 달아 인조인간인 에드워드를 만들었단다……."

그렇게 태어난 에드워드는 예의범절과 사람처럼 살아가는 법을 배웠지만, 과학자가 에드워드의 손을 완성하지 못한 채로 세상을 떠나는 바람에 날카로운 가위손을 지닌 채 살아가게 되었다. 성에 숨어 살던 에드워드를 어느 날 화장품 외판원인 펙 보그가 발견하게 되고, 펙은 그를 불쌍하게 여겨 집으로 데려와 가족처럼 함께 지낸다. 딸 킴과 아들 케빈, 남편 빌은 그를 따뜻하게 맞이해주었고, 에드워드는 가위손을 이용해 나무를 다듬거나 머리 손질을 해주기도 하며 마을 사람들에게 사랑받는다. 그러나 킴의 남자친구 짐이 그의 가위손을 이용해 구두쇠 아버지의 값비싼 물건을 훔치려

한 사건이 벌어진다. 사람들은 이 일을 계기로 에드워드에게서 마음을 돌리고, 그는 점차 사람들로부터 고립된다.

에드워드와 같이 '잘못 태어난 아이' 혹은 '실수로 괴물같이 태어난 아이'는 팀 버튼의 작품에서 일관되게 등장하는 주제다. 자신이 공포영화의 배우라고 믿는 〈빈센트〉의 빈센트, 작은 프랑켄슈타인 〈프랑켄위니〉의 되살아난 개, 펭귄으로 태어나 버림받은 〈배트맨 2〉의 펭귄맨, 어디에나 그을음을 묻히고 다니는《굴 소년의 우울한 죽음》속 검댕소년도 마찬가지다. 이 주인공들은 잘못 태어나 세상에서 버림받고 소외된다는 점 이외에도 주변 사람들에게 뭔가 위기감과 공포감을 불러일으킨다는 공통점이 있다.

특히나 〈가위손〉의 에드워드를 비롯해 이들 모두 유달리 '손'에 대해 강조되는 면이 있는데, 여기서 손은 성적 상징을 의미하며 이를 통해 소년의 성적 발달과정을 엿볼 수 있다. 아버지가 만든 아들, 그는 미숙하고 위험한 성기를 갖고 있다. 아버지는 그가 자신을 통제할 수 있도록 예절 교육을 충분히 시킨 후에야 비로소 제대로 된 남근을 만들어주기로 한다. 그러나 어찌된 일인지 아버지는 그에게 제대로 된 남근을 주지 않고 죽어버린다. 즉 아들이 정상적인 남자로 자라나는 것을 허용하지 않고 거세해 버린 것이다. 그것은 또 하나의 경쟁자의 등장을 의미할 수도 있으니까. 이것은 다시 말해 팀 버튼의 아버지에 대한 오이디푸스적 갈등의 투사라고도 볼 수 있다. 결국 그렇게 남은 아들은 아버지가 자신이 남자로서 성장하길 바라지 않고 오히려 미완의 소년으로 남길 바란다고 믿고 성안으로 숨어버린다.

팀 버튼의 초기작에서도 이러한 상징을 발견할 수 있는데 〈프랑켄위니〉에서 '위니weenie'는 작은 남근, 바보라는 아동기의 속어다. 그는 어린 프랑켄슈타인이 되어 죽은 개를 살려내는 작은 창조자가 되고 싶어 한다. 팀 버튼의 그림책《굴 소년의 우울한 죽음》에서는 굴 소년의 출생 이후 아버지가 성적으로 무능해지며, 아들을 먹어버린 후에야 비로소 강해진다. 즉 이 상징적인 관계에서 아버지와 아들 둘 중에 하나는 죽어야 하는데, 〈가위손〉에서는 아버지가 죽는 셈이다. 그러나 아버지 대신 살아남은 에드워드는 영원히 가위손인 채로 남아야 한다.

그런데 어느 날 따뜻한 어머니를 상징하는 펙을 만난 소년은 비로소 세상 밖으로 나오게 된다. 즉 새로운 출생이다. 그러나 세상은 온갖 편견과 위험으로 가득 차있고, 사람들은 끝내 그를 두려워하며 해치려 한다. 이것은 멜라니 클라인이 설명한 발달과정 중 생후 초기의 유아가 경험하는 편집–분열성 위치paranoid-schizoid position라고 볼 수 있다. 멜라니 클라인은 유아가 태어나 첫해 동안 경험하게 되는 발달과정을 두 위치로 설명했는데, 그중 첫 단계인 편집–분열성 위치는 생후 6개월까지를 말한다. 유아는 태어나자마자 처음으로 어머니의 젖가슴에 대한 과도한 본능적 욕구에 대응해야 한다. 욕구가 충족될 때는 사랑과 열망이, 좌절되었을 때는 미움과 파괴성이 생기기 마련이며 젖을 뗄 즈음에는 어머니의 젖가슴이 자신에게 속해있지 않고 그것을 잃을지도 모른다는 두려움을 느낀다.

이 시기를 보내고 있는 유아는 자신의 욕망을 만족시켜주는 좋은 어머니의 젖가슴에 대한 사랑과, 때로 그것을 충족시켜주지 못하고 좌절시키는 나쁜 젖가슴에 대한 미움과 공격성의 양가감정을 처리해야 하는데, 이때 외부의 대상에 대해 좋고 나쁨을 구분하기 시작한다. 또한 이 시기의 아이는 자신의 내적 공격성과 파괴적인 느낌을 외부 세계의 나쁜 대상에 투사시켜 자신이 박해를 받는다고 느끼게 된다.

에드워드가 본격적인 위험에 처하기 시작하는 건 펙의 딸 킴에게 묘한 감정을 느끼면서부터다. 킴의 남자친구는 에드워드를 못마땅해하다가 결국 죽이려 든다. 에드워드와 킴과 그녀의 남자친구까지 오이디푸스적 삼각관계의 재현인 셈이다. 그러나 정말로 무서운 것은 에드워드 자신의 내부에 있는 공격성이다. 그의 의도가 사랑의 표현이든 남을 구하려는 것이든 가위손은 결국 상대방을 놀라게 하거나 상처 입힌다. 다른 사람들뿐 아니라 에드워드 자신조차 스스로에게 두려움을 느끼게 된다. 그리고 그는 다시 성안에 숨어 세상과 결별한다.

멜라니 클라인의 이론에 적용하면 이 시기를 '우울 위치 depressive position'라고 볼 수 있을 듯하다. 우울 위치는 생후 6개월이 된 아이가 외부의 대상을 전체로 볼 수 있게 되면서, 어머니가 자신과 한 몸이 아닌 독립된 개체라는 것과 자신이 어머니와 분리되어 있음을 깨닫고, 자신의 파괴적 충동이 좋은 대상(어머니)을 파괴했다고 느끼며 상실감과 죄책감을 겪는 시기를 말한다. 결국 에드워드는 성에 홀로 틀어박혀 자신의 사랑과 열정과 분노를 조각이라는 예술 작품을 통해 표현한다. 그의 작업의 파편은 눈송이가 되어 세상에 흩날리고 사람들은 그 눈송이를 통해 묘한 향수에 젖는다. 에드워드는 자신이 잃어버린 세계를 예술로 재창조하고 있는 것이다.

팀 버튼의 작품에 자주 등장하는 소외된 인물들이 잃어버린 세계를 재창조하는 모습은 마치 그 자신의 삶을 그려내고 있는 것처럼 보이기도 한다. 에드워드가 가위손으로 조각을 해나가듯 그는 자신의 상상력으로 영화를 조각해낸다. 그러나 그가 보여주는 동화는 기존의 어린이들을 위한 동화와는 사뭇 다르다. 아이들에게 어른의 시각에서 바라는 세계를 보여주며 설득하거나 달래는 것이 아니라, 팀 버튼 자신의 내면세계를 가감 없이 외부로 꺼내어 이미지화하는 것이다. 어쩌면 그는 어린아이와 어른의 경계에 있는 것은 아닐까.

그러나 창조자로서의 예술가는 그의 작품 속 인물들과 마찬가지로 외롭고 소외된다. 팀 버튼은 유달리 과학자나 창조자를 자주 다루는데, 어떤 생명체를 창조하는 것은 신의 영역을 침범하는 일로서 그것은 예술가의 신화적인 측면을 보여준다. 미술가와 조각가들은 프로메테우스, 헤파이스토스, 다이달로스와 같이 신과 경쟁했던 문화적 영웅의 자손으로 칭송된다. 창조자로서의 예술가들은 마술사의 힘을 부여받았고 그것 때문에 반란과 경쟁의 죄목으로 신으로부터 벌을 받아왔다. 신의 영역을 침범한 벌로 그의 작품은 위험하고 미완성인 채로 남는다. 그리고 예술가로서의 그는 사회로부터 쫓겨나 소외되어 살고 있다. 팀 버튼의 작품에 나오는 남과 다른 존재들에 대한 그의 깊은 공감은 이를 영상화함으로써 그들을 소외시킨 사회 속에 그들을 위치시키는 동시에 그 자신을 위치시키는 작업이기도 한 듯하다.

그렇게 세상과 섞일 수 없는 외로운 존재, 어쩌면 팀 버튼의 분신일지도 모를 가위손 에드워드는 우리에게 상상의 여운을 남긴 채 자신의 세계로 파고든다. 어쩌면 그는 여전히 그림 같은 시골 마을의 언저리에 위치한 검은 성에서 새하얀 눈송이를 뿌리며 그의 세계를 펼쳐나가고 있지 않을까.

먹어도 채워지지 않는 허기를
극복하는 방법

-〈센과 치히로의 행방불명 千と千尋の神隠し〉,
미야자키 하야오, 2001.

일과를 끝내고 저녁으로 뭘 먹을까 고민하며 집에 돌아와서, 그날따라 좋아하는 메뉴를 차려놓고 맥주라도 한잔 곁들이면 '이게 바로 사는 맛이지!' 하는 소리가 절로 나온다. 먹는 즐거움이야말로 우리가 살면서 누릴 수 있는 가장 직관적이고 커다란 즐거움 중의 하나가 아닐까. 그런데 기분이 우울해지면 먹는 맛이 달아난다. 배가 고프지 않고 먹어도 맛을 즐기지 못하거나, 아니면 즐겁지도 않으면서 무작정 먹어서 공허한 허기를 끝없이 채우려 할 때도 있다.

먹는다는 행위는 우리의 신체를 유지하고 신체 활동을 할 수 있는 에너지를 공급하는 것 이외에 심리적으로도 많은 중요한 의미를 지닌다. '밥 한번 먹자'가 인사말인 우리나라는 물론이고, 거의 모든 문화권에서 누군가와 관계를 맺을 때 그를 초대하여 음식을 접대하고, 함께 음식을 먹으면서 친밀해지는 과정을 밟는다. 함께 먹고 마시는 행위를 통해 같은 음식이 몸에 들어가 신체 일부를 구성하게 된다는 것은, 같은 어머니의 젖을 먹는 것과도 같은 상징적 의미를 지닌다. 또한 우리는 먹는 것을 일상생활 속에서 많은 은유적 표현으로 활용하기도 하는데, 예쁜 아이을 보며 '깨물고 싶다'고 하거나 반대로 극심한 공격성을 드러낼 때 '갈아 마셔버린다'는 표현을 하기도 한다.

입은 우리가 세상을 탐색하고 경험하는 첫 도구다. 아기들은 생후 1~2년 동안의 구강기oral stage를 겪으며 손에 잡히는 것을 모두 입으로 가져가서 맛과 감촉 등으로 세상을 구별하고 경험한다. 그래서 정신분석적으로는 아이의 자아가 발달하기 전에 먼저 입-자아mouth ego가 발달한다고 본다. 이는 아이가 자신과 세상을 경험하는 첫 관문이자, 아이의 정신 구조 발달의 기초가 된다. 그런데 이 구강기 동안 충분한 보살핌과 자극이 주어지지 않을 경우, 아이는 배고픔과 같은 신체적 고통과 더불어 버려졌다는 심리적 고통을 느끼게 된다. 그래서 아이는 '우울 반응'을 보이며 보통 슬퍼 보이거나 힘이 없어 보이고, 주변에도 별 관심을 갖지 않게 된다. 또한 점차 무기력감에 빠지고 희망을 상실하며 어려운 일에 맞부딪히면 쉽게 체념해 버린다. 이후 손가락을 빨거나 손톱을 물어뜯거나 하는 버릇이 생기기도 하고 자위행위에 몰두하기도 한다. 이러한 생후 초기의 경험은 아이의 무의식에 남아 아이가 세상을 경험하고 자신을 느끼는 틀을 형성하게 된다.

이러한 감정이 영향을 미쳐 성장한 뒤에도 만성적인 우울감과 허무감을 겪으며 식욕이 떨어지거나 반대로 먹는 것에 유달리 집착하고 폭식하는 등의 증상이 나타나는 경우도 적지 않다. 어릴 때 느낀 배고픔에 대한 두려움 탓에 음식을 과도하게 찾게 되고, 자신의 고통을 음식으로 달래어 잠들고 싶은 유아기적 소망이 나타나는 것이다. 즉 이런 경우에 음식이란 어머니의 사랑과 보살핌, 또한 어머니의 몸이라는 상징적인 의미를 갖는다. 따라서 음식을 먹는다는 행위는 어머니의 사랑과 보살핌을 스스로 제공하는 동시에, 어머니를 씹어 삼킴으로써 분노를 표현하는 복수의 의미도 지니게 된다.

아브라함이라는 분석가는 생후 첫 1~2년 동안 어머니와 아이의 관계에 문제가 있을 경우, 아이가 구강기를 벗어나지 못한다고 보기도 했다. 이 시기에 먹고 빨고 깨물고 싶은 구강기 욕구가 충족되지 않거나 너무 과도한 만족이 주어지게 되면, 훗날까지도 구강기에 고착될 수 있다는 것이다. 그리고 우울증은 이러한 구강기적 증상과 밀접한 관계가 있으며, 우울증에서의 리비도libido(일종의 성 충동)는 구강-가학적oral-aggressive 시기로 퇴행한 것이라고 설명하였다.

미야자키 하야오의 애니메이션 영화〈센과 치히로의 행방불명〉에는 우울증에서의 이러한 구강-가학적 환상이 잘 묘사되고 있다. 10세의 치히로는 부모의 손에 이끌려 이사를 하게 된다. 낯선 세상으로의 이주에 대한 불만과 불안은 아버지가 운전하는 차가 길을 잘못 드는 것으로 은유된다. 치히로는 부모의 손에 이끌려 낯선 터널을 통과하는데, 그 터널 안에는 폐허가 된 테마파크가 있다. 이 테마파크 안에서 치히로의 부모는 주인 없는 음식을 허겁지겁 탐욕스럽게 먹어치워 돼지로 변하게 되고, 치히로는 부모를 구하기 위해 모험을 시작한다.

알고 보니 이 마을은 온갖 귀신이 목욕을 하고 쉬었다 가는 온천장으로서, 마녀 유바바가 지배하고 있는 곳이었다. 온천장에서는 일하지 않는 사람은 모두 돼지로 변하며, 일하고자 하는 사람은 유바바에게 이름을 뺏기게 된다. 치히로 역시 이름을 뺏기고 센이 되어 온천장에서 일자리를 구한다. 그리고 센은 하쿠의 도움을 받아 갖은 모험 끝에 다시 치히로란 이름을 되찾고, 마침내 부모를 구해내고 터널을 빠져나온다.

그런데 이 영화에서 주인공 못지않게 인기를 끌었던 캐릭터가 바로 온천장을 찾아온 손님이자 얼굴 없는 요괴인 '가오나시'다. 전형적으로 귀엽지도 않고 화사하지도 않은 가오나시가 관객의 시선을 집중시킨 이유는 바로 그 존재가 은유하는 외로움과 우울, 애정에 대한 간절한 갈망, 그리고 이것이 좌절되었을 때 나타나는 구강-가학적 분노 때문이 아닌가 싶다.

가오나시는 신도 인간도 아닌 존재다. 얼굴이 없어 항상 가면을 쓰고 다니며, 온천장에 들어가는 것이 허락되지 않아 온천장 밖에 혼자 서있다. 비를 맞으며 혼자 우뚝 서있는 가오나시를 본 센은 그를 온천장 안으로 들이게 되고, 가오나시는 센을 따라다니며 그녀에게 애정을 갈구한다. 사람들이 좋아하는 것을 주면서 자신을 좋아하게 만들려는 가오나시의 순진한 모습은 우리의 내면 깊숙이에 있는 외롭고 애달픈 자신의 모습이기도 하다. 가오나시는 사람들이 좋아하는 금을 수없이 만들어 센에게 내밀지만 센은 이것을 거절한다. 그러자 이번엔 분노한 가오나시가 금을 얻기 위해 사람들이 갖다 바치는 온갖 음식을 먹어치우고는 이내 사람들까지 차례로 삼키며 괴물로 변한다. 급기야 자신 앞에 나타난 센마저 삼키려고 하지만, 센이 먹인 약 덕분에 삼켰던 사람들을 다시 토해내고 원래의 모습으로 돌아가게 된다. 그리고 센을 따라 유바바의 쌍둥이 언니인 제니바의 곁으로 가 안식처를 찾는다.

여기서 가오나시는 치히로의 내면을 나타내는 존재라고도 볼 수 있다. 10세의 어린 소녀에게 친숙했던 동네나 친구들과 이별해 새로운 곳으로 이사하는 일은 분명 버거운 것이었으리라. 온천장 안에 들어가지 못하고 밖에서 맴도는 가오나시처럼, 치히로도 새로운 세상에서 이방인이 되어야 하는 것이다. 자신의 정체성에 대한 불안은 치히로라는 원래 이름을 뺏기고 센이 되는 상황으로도 드러난다. 그렇게 아무도 자신의 진짜 모습을 알아주지 않는 곳에서 어린 소녀가 느끼는 외로움과 분노는 무엇이든 닥치는 대로 삼키고 먹어치우는 외로운 얼굴 없는 요괴의 모습으로 상징화된다.

하지만 외롭고 공허한 감정 탓에 모든 것을 집어삼키는 행동은 결국 그 자신을 괴물로 만들어버린다. 가오나시는 자신을 버린 대상을 잡아먹어 자신의 내부에 가두어 버리지만, 그 나쁜 대상은 자신의 몸속에서 자신마저 파괴한다. 이것이 바로 우울한 사람들이 갖는 구강-가학적 환상이자 사랑하는 사람에 대한 애증의 양가감정이다. 서로 먹고 먹히어 모든 것을 파괴하고 싶은 구강적 공격성, 그리고 자신의 이러한 충동에 놀란 자아, 그러한 자기를 벌주는 초자아superego. 이것이 바로 치히로와 가오나시의 심리적 갈등이라고 할 수 있다.

하지만 결국 치히로는 온천장에서 만난 하쿠의 도움으로 이를 극복해낸다. 온천장은 게걸스럽고 탐욕스러운 존재들이 들어와 온갖 더러운 곳을 씻어내고 쉬는 장소인 동시에, 강의 신처럼 상처 입은 영혼들이 찾아와 상처를 치유하는 곳이기도 하다. 이 세계에서 이름을 잃고 헤매던 치히로는 신의와 보살핌, 사랑을 접하며 그들과 화해하는 법을 배운다. 치히로가 현실로 돌아갈 수 있도록 곁에서 도와주는 하쿠는 어릴 적 물에 빠진 치히로를 구해 주었던 바로 그 강이다. 하쿠는 치히로가 세상에 대해 갖는 기본적 믿음을 상징한다. 겉으로는 차갑고 냉정하지만, 상처를 안고 있고 또한 사랑을 간직하고 있는 하쿠는 치히로에게 용기를 주고 이 모험에서 그녀가 승리하도록 돕는다. 이것은 가마 할아범의 말처럼 '기억은 나지 않지만 잊히지 않는 소중한 유년기의 경험'인 셈이다.

그렇게 마침내 자신의 힘으로 부모를 되찾은 치히로는 다시 터널을 빠져나오고 새로운 집으로 향한다. 이 과정은 언뜻 판타지스러운 모험기로 그려지지만 한편으로는 치히로 내면의 불안하고 우울한 감정을 처리하는 여정과도 같았다. 이러한 우울감은 결국 심리적인 허기짐이다. 우리가 태어나서 처음 음식물을 공급받는 것은 사랑받고 있다는 것을 느끼는 첫 경험이다. 따라서 배가 고픈데도 음식물이 공급되지 않고, 아무리 울어도 반응이 없는 냉담한 세계를 만나면 아이는 좌절하고 절망하게 된다. 충분한 돌봄과 사랑을 받지 못하거나 방치되는 상황이 반복되면 아이는 먹어도 먹어도 채워지지 않는다고 느낄 뿐 아니라 아무도 자신을 진심으로 사랑하고 있지 않다는 심리적인 굶주림을 느끼게 된다. 차갑고 냉혹하며 우울한 세상에 둘러싸인 아이는 희망을 잃고 점차 무기력해진다.

하지만 자신과 타인에 대한 기본적인 신뢰감이 남아있다면, 그리한 두려움과 우울은 분명히 극복해낼 수 있다. 마치 센이 하쿠의 도움을 받아 치히로인 자신을 되찾은 것처럼 말이다. 그렇게 다시 주변을 둘러보면 세상은 무섭고 냉정한 동시에 아직은 유머와 웃음이 남아있는 살 만한 곳일 것이다. 끝없는 허기를 채워주는 것은 결국 부족했던 사랑과 믿음, 희망의 조각들이다. 이것이 바로 영화 〈센과 치히로의 행방불명〉이 보여주고 있는 10세 소녀의 성장기이자, 동시에 우울 극복기라고도 할 수 있겠다.

사람 사이의 인연은
어째서 상처로 이어지는가

- 〈매그놀리아Magnolia〉,
폴 토마스 앤더슨, 1999.

사람은 혼자서는 인간人間이 될 수 없다. 사람이 둘 이상 모여 그 사이에 공간이 형성되어야 비로소 人間이 된다. 즉 人間이란 사람 자체가 아니라 사람 사이의 공간을 말한다. 그 공간은 때로는 너무 뻥 뚫려 우리를 외롭게 하고, 때로는 지나치게 밀착되어 우리를 숨 막히게 만든다. 일본에서는 사람과 사람 사이에 인연의 끈이 이어져있다고 믿는다. 사람들은 서로와의 적절한 거리감을 찾고 유지하기 위해 무슨 소명이라도 받은 것처럼 부지런히 각자가 지니고 있는 끈으로 사람 사이의 공간들을 엮어나간다.

이처럼 모든 사람은 여러 가지의 끈으로 서로 연결되어 살아가게 된다. 어떤 끈은 나의 의지와 상관없이 단단히 얽매여있고, 또 어떤 끈은 내가 아무리 혼신의 힘을 다해도 견고하게 연결되지 않으며 자꾸 흘러내린다. 어떤 끈은 우연히 발끝에 채는 길거리의 돌부리처럼 그저 내 옆구리를 툭 치고 지나가기도 한다. 그리고 그 다양한 끈을 따라서 우리의 욕망이 흐른다. 많은 경우에는 그 욕망의 흐름에 따라 삶이 결정되기도 한다.

욕망이 자기 몫의 끈을 따라 적절히 흐르다가 그에 합당한 다른 욕망을 만나 자연스럽게 어우러질 때 그 조합은 아름다운 삶의 음악 소리를 만들어낸다. 때론 두 개의 강렬한 욕망이 도도한 강물처럼 흐르다 서로 부딪쳐 무거운 폭포 소리를 내기도 하고, 스스로 뿜어내는 에너지를 이기다 못해 과부하로 누전될 수도 있다. 또 무거운 욕망을 짊어지다가 중간에 끊어지거나, 잘못된 방향으로 흘러간 욕망이 그 대상에 탐욕스러운 손톱을 들이밀다가 돌이킬 수 없는 생채기를 내는 경우도 생긴다. 무엇보다 방향을 잘못 잡은 욕망은 이리저리 흐르다 결국 자신에게로 되돌아와 가슴에 쓰라린 회한과 상처를 남기게 된다. 그리고 그렇게 한 사람을 소진시킨 욕망은 또 다른 끈을 찾아서 어디로 향할지 모르는 자신의 행보를 지속해 나간다. 무슨 운명에 이끌리듯이……

〈매그놀리아〉는 바로 이런 사람 사이의 관계를 말한다. 그건 우연일까, 아니면 인연일까? 1900년 초 영국에서 일어난 선량한 한 시민의 살인 사건과 강도 셋의 사형, 미국에서 일어난 스쿠버다이버의 죽음과 그 죽음에 책임 있는 소방관의 자살, 자살하려고 아파트 옥상에서 뛰어내린 한 소년의 배를 관통한 그의 어머니가 쏜 총알, 이런 절묘한 사건들은 단순한 우연일까, 복잡하게 얽힌 악연의 끈일까. 영화 〈매그놀리아〉는 이러한 질문을 던지며 시작한다. 폴 토마스 앤더슨 감독은 세 축의 에피소드를 토대로 9명의 등장인물이 저마다 얼기설기 얽혀 서로에게 상처를 주고 또 받으며 살아가는 모습을 향해 로버트 올트먼 감독의 〈숏 컷〉처럼 무심히 카메라를 들이민다. 그러나 그 렌즈에 담기는 메시지는 〈숏 컷〉의 그것보다 더 진하고 깊다.

한때 사랑했던 아내와 아들을 버리고 젊은 여자와 결혼한 얼은 이제 암에 걸린 노인이 되어 죽음을 앞두고 자신이 버린 아들을 찾아 속죄하고 싶어 한다. 얼의 돈을 보고 결혼했던 젊은 여자 린다는 얼의 죽음을 앞두고서야 비로소 자신이 그를 진정 사랑했음을 깨닫고 자신이 한 일에 대한 죄책감에 몸부림친다. 어린 시절 아버지에게 버림받은 아들 잭은 프랭크로 이름을 바꾸고 남성들에게 여자를 정복하는 방법을 가르치는 섹스 강사가 되어있다.

또 다른 주인공은 30년간 어린이 퀴즈 프로그램의 진행자로서 명성을 굳혀온 사회자 지미 게터다. 사회적으로는 성공했을지 몰라도 그는 어린 딸에게 성적 학대를 가했고, 딸 클로디아는 가출하여 지금은 마약에 절어 사는 창녀가 됐다. 지미 게터는 암에 걸린 채 딸을 찾아가지만, 클로디아는 욕설과 함께 그를 쫓아낸다. 착하지만 무기력한 경찰관 짐이 클로디아에게 사랑을 느끼고 그녀의 상처를 어루만지려 하지만, 클로디아는 그에게서도 도망친다.

한편 지미 게터의 퀴즈쇼에서 한때 천재 소리를 들으며 큰 기대를 받던 어린 도니는 이제 성인이 되었지만 과거에서 헤어나오지 못한 채 현실에서 우스꽝스러운 바보짓만 일삼는 인생의 패배자로 살고 있다. 그는 어린 시절의 자신을 연상시키듯 퀴즈쇼에서 연승을 거듭하는 스탠리라는 소년의 모습을 티비로 지켜본다. 스탠리의 아버지는 오직 아들의 퀴즈 성적으로 돈을 벌 생각뿐이고, 결국 스탠리는 퀴즈쇼 도중에 바지에 오줌을 싸고 만다.

이처럼 영화 속에서 인물들이 각기 상처를 지닌 채 살아가는 모습은 서로 교차하며 관객들의 시선을 가쁘게 붙잡는다. 이중에서도 얼의 아들 잭의 어릴 적 상처와 그 이후의 행로가 특히 눈에 띈다. 14세에 아버지에게 버림받고 어머니마저 암으로 세상을 떠난 쓰라린 과거의 기억을 지닌 잭은 남성들에게 여성을 유혹하고 파괴하는 법을 가르치는 섹스 강사가 되어 '남성은 위대하다'고 절규하듯 살아간다.

그는 여성의 인간성을 무시하고 오로지 정복하고 파괴해야 할 섹스의 대상으로서의 여성성만을 인정한다. 왜일까? 왜 그는 여자와(아니면 남자와도 마찬가지인지도 모르겠다) 인간적 관계를 맺기를 거부하는 것일까? 혹시 버림받는 것에 대한 두려움 때문은 아닐까? 그런데 왜 그의 분노는 정작 자신을 버린 아버지가 아닌 여성에게 향한 것일까? 그의 아버지 얼이 죽어가며 독백하는 내용을 보면 그 실마리를 짐작할 수 있다. 그는 젊어서 여러 여성을 굴복시키고 관계를 맺는 것만이 강한 남성이 되는 것이라고 생각했다며 참회한다. 그의 아들 또한 같은 과정을 반복하고 있는 셈이다. 아버지에게 버림받고 무기력하게 암으로 죽어간 어머니에 대해서 그는 마찬가지로 버림받았다는 분노를 느꼈다. 또한 그들 모자를 버린 무정한 아버지에 대한 극심한 분노와 공격성에 대한 방어로서 그는 아버지 같은 강한 사람이 되고자 했을 것이다.

이러한 현상을 '공격자와의 동일시identification with the aggressor' 라고 한다. 즉 어려서 학대받은 기억이 있는 사람이 커서 자신의 아이나 약한 사람을 학대하는 것을 말한다. 더불어 어린 잭의 마음속 깊은 곳에서는 자신의 어머니에 대한 욕망 때문에 아버지가 그들을 버렸다고 느꼈을지도 모른다. 어머니와 너무 밀착되어 있기 때문에, 자신의 오이디푸스적 욕망 때문에 아버지에게 버림받았다고 생각해 오히려 어머니를 증오하게 되는 것이다. 다시금 어머니를 잃지 않고 처벌당하지 않는 방법은 아버지처럼 행동하며 그러한 어머니와는 관계를 맺지 않는 것이다. 고로 모든 여자의 인간성은 무시하고, 진실된 인간적 관계는 회피하며, 그에게 모든 여자는 정복해야 할 섹스의 대상이 된다. 이러한 프랭크를 연기하는 톰 크루즈는 보기 드문 신들린 듯한 연기로 관객들을 흡입한다. 그는 마치 외로움이 뚝뚝 묻어나는 한 마리 야생 늑대처럼 보인다.

영화의 다른 인물들 역시 상처받은 영혼으로 절규하고 있다. 어려서 아버지에게 받았던 성적 학대의 기억을 잊기 위해 마약에 몰두하고 스스로 창녀가 되어 자신을 학대하며 살아가는 클로디아, 죽음에 이르러서야 딸에게 한 잘못을 참회하기 위해 괴로워하는 아버지 지미, 그리고 퀴즈쇼와 관련하여 상처받은 다른 영혼들. 이제 상처는 개인이 개인에게만 주는 것이 아니라 매스컴과 관객이라는 거대한 집단의 힘으로 대항할 힘이 없는 아이들을 할퀴어댄다.

이 영화는 마치 갖가지 상처의 전시장처럼 보인다. 누가 누구에게 상처를 주고, 누가 누구에게 고통을 주고 있는가? 결국 우리의 인생이란 이러한 욕망과 상처의 굴레에서 벗어날 수 없는 것인지……. 등장인물 9명이 'Wise up'을 부르며 교차하는 장면은 이러한 아픔을 하나의 서정시로 승화시킨다. '우리의 고통은 영원히 지속되리.'

이러한 아픔들이 서로 얽히고설켜 도저히 풀리지 않을 것 같을 때 느닷없이 하늘에서 개구리 우박이 쏟아진다. 이 장면은 앞서 언급한 〈숏 컷〉의 지진 장면과도 흡사하다. 하지만 앤더슨 감독은 개구리 우박이라는, 더 기상천외한 방법으로 돌파구를 찾는다. 이는 구약 성서의 출애굽기에서 모세가 내린 저주를 연상시키기도 한다. 탐욕과 타락에 빠진 람세스에게 내리는 저주, 개구리가 들끓는 세상과 세상을 파괴하는 우박, 그 둘을 절묘하게 합성시킨 듯하다. 그렇다면 개구리 우박은 썩고 타락한 이 세상에 내리는 저주일까?

개구리가 의미하는 상징을 좀 더 파고들어 보면 또 다른 면모가 보인다. 개구리는 지저분한 물속에 살며 울 때마다 몸을 부풀린다. 또한 어디로 튈지 예측할 수 없는 동물이다. 개구리는 남근의 상징이기도 하다. 《개구리 왕자》라는 외국 동화에서 개구리는 미숙한 남성성을 상징한다. 그러나 한편으로는 우리에게 친근한 동물이기도 하다. 《콩쥐 팥쥐》에서는 곤경에 빠진 콩쥐에게 두꺼비가 나타나 도움을 준다.

인간들이 만들어낸 갈등이 서로 얽혀 도저히 매듭이 풀리지 않을 것만 같을 때, 그래서 서서히 보는 사람들도 머리가 아파지기 시작할 때 하늘에서 개구리 우박이 쏟아지는 장관이 펼쳐진다. 그간 쌓여온 우리의 욕망과 무의식으로부터 속죄할 계기가 필요한 타이밍이다. 그렇게 배가 터지고 피로 범벅된 개구리의 시체를 밟으며 사람들은 다시 일어서기 시작한다.

매그놀리아, 목련의 꽃말은 '자연에서 오는 은혜'다. 영화 〈매그놀리아〉에 목련은 나오지 않지만 아마 감독은 등장인물 모두가 각기 한 송이의 목련이라 여겼는지도 모르겠다. 결국 우리의 마음속에 있는 모든 욕망은 자연의 일부이고, 그것을 거스르기에 인간은 너무나 약한 존재다. 우리가 그에 대항하여 할 수 있는 일은 고작 서로의 상처를 어루만지고 보듬고 용서하는 것밖에 없는지도 모른다. 그러나 이것 또한 인간에게만 주어진 자연의 은혜이다. 그리고 이 은혜 아래 우리 사이의 끈은 영속된다.

〈매그놀리아〉는 상처 입고 병든 이들을 화려하게 펼쳐놓은 대단한 영화다. 배우들은 모두 신들린 듯한 연기로 우리의 삶을 축약해 보여주고, 29세밖에 되지 않은 감독은 자신의 영화적 천재성을 유감없이 발휘한다. 아마도 개구리 우박에 씻겨 내려간 우리의 마음은 다른 인연을 찾아 또 다른 길을 떠나게 될 것이다. 또 무언가에 상처받더라도, 또다시 일어서면서.

내 마음이지만
내 마음대로 되지 않을 때

- 〈미스터 존스Mr Jones〉,
마이크 피기스, 1993.

영화는 영상화된 이야기다. 그리고 다른 모든 예술과 마찬가지로 사람과 사람이 살아가는 세계를 바탕으로 한다. 사람의 이야기 중에서도 특히 우리의 감정과 생각, 행동, 동기를 주로 다루다 보니 영화와 정신의학은 어떤 면에서 공통점이 많다. 목적하는 바가 우리 자신에 대한 표현 및 이해라는 점을 비롯해 꿈과 현실, 이성과 감정, 이미지와 단어의 경계에 초점을 맞추고 바라본다는 점도 비슷하다.

영화 속에서 관객들이 가장 먼저 동일시하는 것은 주인공의 감정이다. 주인공의 감정은 배우의 연기를 통해 직접적으로 드러나고, 그 감정의 깊이와 변화를 얼마나 잘 표현하느냐에 따라 배우에 대한 평가도 달라진다. 관객은 주인공의 감정선을 따라 울고 웃으며 재미, 슬픔, 기쁨, 허무, 희망, 두려움, 공포, 아름다움 등 복잡한 감정들을 간접 경험하게 된다. 영화가 보여주는 이야기의 전개뿐만 아니라 그 과정에서 펼쳐지는 감정의 표현, 함축적 의미와 갖가지 이미지가 관객이 영화를 느끼는 복합적인 요소인 만큼 영화는 감정으로 빚은 조각품이라고도 할 수 있겠다.

사회에서 살아가는 사람들의 이야기를 직접적으로 보여주는 매체이다 보니 실제로 법, 역사, 정신의학, 철학 등 많은 분야의 교육 현장에서도 영화를 활용하고 있다. 특히 영화는 사람들의 내면적 마음 상태에 많은 관심을 기울이기 때문에 정신과적 이해 및 교육의 좋은 도구가 된다. 그런데 정신 질환이 표현된 영화 중에서 유독 정서장애인 조울정신병과 우울증을 그린 영화는 그리 많지 않다는 점이 의아하다. 이는 일반인들이 이러한 정신 질환에 대해 어떤 인식과 태도를 가지고 있는지와 관련해서 이해할 수 있을 것 같다.

우선 너무나 강렬한 감정에 대한 두려움과 그 감정에 압도당할 수밖에 없는 우리 자신의 무기력함을 생각해 볼 수 있겠다. 조증이나 우울증의 감정 상태는 우리가 느낄 수 있는 감정의 극과 극을 보여준다. 그것은 우리가 감당하기에 너무 벅차고 두려운 감정 상태로, 환자 당사자뿐 아니라 주변 사람들에게도 직간접적인 피해나 당혹감, 무기력감을 줄 수 있다. 이러한 감정을 영화의 소재로 삼아 느끼고 표현하며 공감한다는 것은 사실상 감독과 배우, 관객 모두에게 어려운 일일 뿐 아니라 한편으로는 피하고 싶은 일일지도 모른다. 일반인들로서는 변화가 큰 감정의 사이클에서 중간중간 정상

상태를 회복하는 환자들을 이해하는 것이 다소 어렵고, 생화학적 변화에 따라 우리의 감정 상태가 그렇게 변한다는 사실을 인정하는 것 역시 새삼스럽고 무겁게 느껴질 수 있다. 아마 다른 질병에 비해 정서장애를 직접적으로 다룬 영화가 매우 적은 이유도 이러한 맥락이 아닐까 싶다.

물론 영화의 주인공이 상황에 따라 일시적으로 경조증이나 우울 상태를 나타내는 영화는 많은데, 예로 〈배트맨〉에서 조커의 경조증적 흥분 상태, 〈박하사탕〉에서 영호의 우울과 자살 등을 볼 수 있다. 또 우울증을 다룬 영화 〈나우 보이저〉에서는 주인공 베티 데이비스가 심각한 신경 쇠약을 앓다가 재퀴드 박사에게 정신과 상담을 받고 점차 회복하게 되며, 조울정신병 환자를 다룬 영화로는 대표적으로 〈미스터 존스〉가 있다.

영화 〈미스터 존스〉는 음악 천재인 조울증 환자 존스와 불행하고 외로운 정신과 의사 리비 박사가 치료 중 사랑에 빠지면서 각자의 질병과 문제를 극복하는 멜로 드라마다. 존스는 조증 상태일 때는 일 처리도 훌륭하고 자신감이 넘치는 유쾌한 남자지만, 울증 상태에 빠지면 불안감과 급격한 무력감에 사로잡힌다. 이러한 양극성 장애로 인해 안정적인 직업을 갖지 못하고 일용직을 전전하던 그는 어느 날 공사 중이던 지붕 위에서 하늘을 나는 망상에 빠졌다가 병원에 실려와 리비 박사를 처음 만나고, 리비 박사는 존스의 정신과 주치의가 된다.

리비는 사실 최근 남편이 다른 여자를 만나 떠난 탓에 개인적인 우울감을 가지고 있다. 그녀는 환자들을 치료하는 가운데 그들의 고통을 자신과 동일시하며, 마치 자신을 치료하듯 환자들을 치료함으로써 자신의 아픈 감정을 방어하고 있는 인물이다. 한편 존스는 치료 과정에서 자신의 트라우마에 대해 부인하며 쉽게 마음을 열지 못한다. 무언가 비밀에 싸여있는 듯한 존스에게 마음이 끌린 리비는 치료자로서의 중립성을 지키지 못하고 뒷조사를 해서 존스의 과거 여자에 대해 알게 되는데, 그 사실에 분노한 존스와 싸우고 화해하며 둘은 결국 잠자리를 함께하게 된다.

그러나 정신치료 과정에서 환자와의 성적 접촉은 환자로 하여금 현실과 환상 사이의 혼동을 가중시키며, 감정의 해결이 아니라 고착을 유발하게 되고, 결국 과거 상처를 다시 반복하게 된다는 면에서 환자에게는 치명적일 수 있다. 이 때문에 환자를 개인적으로 사랑하게 되는 것은 직업윤리에 반하는 일이기에, 리비는 괴로워하며 동료의 충고에 따라 존스를 다른 병원으로 옮기게 된다. 그러자 사랑에 또 한 번 배신당했다고 느낀 존스는 다시 공사가 완성된 현장을 찾아가 하늘을 나는 시도를 하려 하는데, 죄책감에 몸부림치던 리비가 이 사실을 전해 듣고 결국 직업을 포기한 채 그를 찾아가 사랑을 확인하는 것으로 이 영화는 결말을 맺는다.

영화에서는 존스가 조증에 빠지게 되는 이유가 암시된다. 우선은 과거 첫사랑으로부터 버림받았던 기억이다. 존스는 이후로 그녀를 죽은 것으로 간주하며, 이후에도 거절이나 상실의 위기에 처하면 그 고통스러운 감정을 부인하고 극단적인 조증 상태에 빠져

든다. 아마 이 문제 외에도 그가 천재적 재능을 보였던 음악의 상실 또한 그의 정신적 문제에 큰 역할을 하는 듯하지만, 면담 중에 암시되는 내용을 살펴보면 존스의 가장 고통스러운 기억은 아마 가족과 연관된 것처럼 보인다. 그는 가족에 대해 굉장한 분노 반응을 보이고, 친구의 화목한 가정을 보면서 혼란스러워하며, 곧 극도의 우울에 빠져 자살을 시도하기까지 한다. 그러나 영화의 후반에서 존스의 조울증이 재발하는 가장 직접적인 원인은 질병에 대한 부인과 치료제를 거부한다는 점이다.

이 영화에서 존스 역을 맡은 리처드 기어는 조증 환자의 역을 꽤 매력적으로 해낸다. 기분이 매우 좋아지다 못해 의기양양해지고, 비행기처럼 하늘을 날 수 있다는 망상에 빠지며, 돈을 물 쓰듯이 쓰고, 성적 활동이 왕성해진다. 그러다 극도의 흥분 상태에 들어서서는 환청을 경험하거나 행동을 통제할 수 없는 상태에 빠지기까지 한다. 여기서 재미있는 것은 그가 조증 상태일 때 다른 사람에 대한 직관력이 놀라우리만큼 커진다는 것이다. 반면 우울증일 때의 그는 무기력해지고 자기 위생에 소홀해지며 긴장도도 높아진다.

결국 이러한 그를 치료하는 것은 약도, 정신치료도 아니고 바로 사랑이다. 다만 여기서 정신과 여자 의사에 대한 할리우드적 시선이 드러난다. 실제로 환자와 사랑에 빠지는 경우는 남자 의사가 여자 의사에 비해 3배 정도 많다는 통계에 비해 할리우드 영화에서는 여자 정신과 의사가 남자 환자와 사랑에 빠지는 경우가 훨씬 더 많다. 이는 아마 사랑을 주고 돌보아주는, 그러나 남성의 보호가 필요한 연약한 이미지로 여성을 그리고 싶은 할리우드적 소망이 표현된 것으로 보인다.

더구나 사실상 이들의 사랑은 매우 위태롭다. 리비는 치료자의 역할을 벗어나 그와 관계를 맺는 과정에서 결국 자신과 환자 모두에게 치명적인 상처를 입혔다. 그녀는 법정 앞에서 존스에게 화를 내며 소리친 뒤 데이트에 응하고, 존스의 사생활을 캐어 그에게 상처를 준 후에 잠자리를 같이 하며, 결국 그를 버려 자살의 상태로 몰아간 후에는 의사를 그만두고 다시 찾아와 사랑을 나눈다.

즉 그녀 자신도 항상 누군가를 그리워하며 갈망하는 상태이고, 면담 중 환자의 감정에 너무 깊숙이 들어가 그 감정을 동일시하기도 하는 등 불안한 인물이다. 자신의 감정이나 공격성 등을 조절하고 방어할 수 있는 능력이 떨어진 것으로 보이는데, 이러한 위험한 자신의 감정에 대한 죄책감으로 자학적인 방어기제defense mechanism를 사용한다. 그런데 그녀가 사용하는 방어는 남성에 대한 여성성의 굴복이다. 이는 여성성과 마조히즘masochism을 연결한 그간의 많은 논문을 상기시키며, 여성은 자신을 내던져 다른 사람을 사랑함으로써 행복에 이를 수 있다는 그간의 보수적인 여성관을 스스로 나타낸 것이라고도 할 수 있다.

〈미스터 존스〉는 조울정신병 환자와 그를 치료하는 주치의가 각자의 아픔과 상처, 불안감을 안고 우여곡절 끝에 결국 사랑으로 모든 것을 매듭짓는 아름다운 결말을 다뤘지만, 병적으로 아픈 사람들의 마음을 표현하려는 욕심에 한 장면마다 너무 많은 것을 채워 넣은 감이 있다. 그럼으로써 어떤 특정한 감정에 초점을 맞추기보다 많은 것을 다루어 산만한 영화가 되었고, 두 주인공의 훌륭한 연기가 그 산만함에 묻힌 느낌을 준다는 점도 다소 아쉽다.

절대적이고 위대한
모성이라는 허상

- 〈내 어머니의 모든 것 Todo Sobre Mi Madre〉,
페드로 알모도바르, 1999.

요즘에 나는 다소 나쁜 습관이 들었다. 매스컴이나 광고에서 격찬하거나 무슨 영화제에서 상을 휩쓸었다는 영화를 우선으로 선택해서 보는, 부화뇌동하는 습관이라고나 할까. 하기야 어쩌면 당연한 것일지도 모른다. 프랑스의 분석가이자 영화이론가인 메츠는 영화를 구성하는 데는 세 가지 장치가 있다고 했다. 하나는 영화를 제작하는 장치이고, 또 하나는 영화를 소비하는 장치이며, 다른 하나는 영화를 좋은 것과 나쁜 것으로 평가하는 장치라는 것이다. 사람들은 그 평론을 참고하여 영화를 선택하면서 그것에 대해 다시 개별적으로 평가하고 경험하게 된다. 그러니 영화평이나 수상 이력에 혹해 영화를 선택하는 것도 자연스러운 반응 중 하나일 것이다.

그렇게 보게 된 영화가 바로 알모도바르 감독의 〈내 어머니의 모든 것〉이었다. 이전 작품인 〈신경쇠약 직전의 여자〉나 〈라이브 플래쉬〉가 매우 인상적이었고, 〈비밀의 꽃〉에 이르기까지 여성에 대한 일관된 주제가 알모도바르라는 감독에 대한 호기심을 불러일으키기도 했다. 또 영화를 사랑하는 사람이라면 꼭 봐야 하는 영화일 것 같은 광고에 홀리기도 해서, 나는 매표소에서 받은 휴지를 만지작거리며 잔뜩 울 준비를 하고 스크린 앞에 앉았더랬다. 평소 워낙 아무것도 아닌 걸 보고도 쉽게 울어버려서 남들과 같이 영화 보기 민망한 적이 많다. 그런데 이 영화는 나의 시선을 흡입하지도, 정신적인 자극을 주지도 못한 채 다소 밍밍하게 끝나버렸다. 물론 내 눈물샘도 메마른 채였다.

영화의 도입부는 〈비밀의 꽃〉 첫 부분을 그대로 옮겨놓은 듯하다. 두 명의 남자 의사가 교통사고로 뇌사에 빠진 아들을 둔 어머니에게 장기 이식을 하도록 설득하는 장면이 나오는데, 알고 보니 세미나용 비디오 촬영이다. 주인공의 이름이 마누엘라이고 간호사라는 점, 그리고 무엇보다 빨간 옷을 좋아한다는 점도 〈비밀의 꽃〉에서 그대로 따온 설정이다. 그러고 보면 알모도바르 감독은 아들이 청소년기에 먼저 세상을 떠난 어머니의 슬픔을 깔고 영화를 시작하는 버릇이 있는 걸까? 혹시 그건 어릴 때 우리가 흔히 가지는 환상, 즉 내가 죽으면 어머니가 얼마나 슬퍼할지 상상하면서 어머니에게 복수하는 환상과 관련이 있는 건 아닐까. 영화 초반부터 문득 그런 직업병적인 의심이 고개를 들었다.

그리고는 곧 마누엘라 모자의 아주 친밀한 관계가 묘사되고,

아들은 〈욕망이라는 이름의 전차〉라는 연극을 보러 갔다가 진짜 교통사고로 세상을 떠나게 된다. 아들의 유품을 정리하다가 아들이 아버지에 대한 깊은 그리움을 지니고 있었다는 걸 발견한 마누엘라는 뒤늦게나마 아들의 소망을 들어주기 위한 행로에 나선다. 사실 전남편 롤라는 트랜스젠더가 되어있는데, 그를 찾아가는 과정에서 마누엘라는 많은 사람을 만난다. 역시 트랜스젠더인 전남편의 친구 아그라도, 밤거리의 창녀를 돌보다 롤라의 아기를 임신하고 에이즈에 걸린 수녀 로사, 연극 〈욕망이라는 이름의 전차〉에 블랑쉬와 스텔라로 나오면서 욕망과 야물에 절어 사는 두 여배우.

마누엘라는 차츰 이들에게 모성애를 느끼게 되고, 그들의 상처를 치유해주기 위해 노력한다. 그중에서도 로사를 헌신적으로 돌보다가 나중에는 아이를 낳다 죽은 로사의 아이를 기르기에 이른다. 그리고 로사의 장례식에서 마침내 전남편 롤라를 만나 아들의 이야기를 전해주면서, 아들의 잃어버린 아버지와의 추억을 늦게나마 메워보려 한다. 그리고는 이내 기적이 이어진다. 로사의 아들 에스테반의 에이즈를 치료하는 데 성공한 것이다. 영화는 욕망이 들끓는 어지러운 세상에서 모성은 끝내 승리한다는 메시지를 전달하며 막을 내린다.

구구절절 감동으로 점철된 영화인데 나는 왜 주변의 울음소리에도 동요 없이 오히려 점점 냉담하고 지루해졌던 것일까. 내 모성애에 문제가 있는 것인가. 별생각을 다 해봤지만, 사실 이 영화의 지루함에는 알모도바르가 가지고 있는 모성에 대한 강박이 한몫하는 것 같다. 그는 여성의 감독이라고 불릴 정도로 여성의 입장에서 여성에 대한 이야기를 많이 다뤘다. 실제로 〈신경쇠약 직전의 여자〉를 보면 감독이 굉장한 페미니스트가 아닐까 싶은 생각이 든다. 남자로부터 버림받아 신경쇠약 직전까지 간, 아니 거의 신경쇠약에 걸린 여자들이 남성으로부터 독립하고 자신을 찾아가는 과정을 그려내 마치 현대판 〈인형의 집〉처럼 느껴지기도 한다. 〈비밀의 꽃〉에서도 남편으로부터 버림받아 자살 직전까지 간 한 여인이 치매에 걸린 어머니와 함께 모성의 상징인 고향을 찾아 자기를 회복하고 새로운 자신을 찾는다는 내용이 반복된다.

〈내 어머니의 모든 것〉에 등장하는 여성들도 마찬가지로 남성으로부터 버림받은 이들이다. 남성이 없으면 불안하고 그에게 절실히 매달리지만 결국은 버림받는 여성상이 자주 등장하는 것을 보면, 알모도바르 감독이 남성 옆에서 행복한 모습으로 살아가는 여성의 모습을 견딜 수 없는 것은 아닐까? 혹시 그의 오이디푸스 콤플렉스가 영화에 그 그림자를 드리우고 있는 것일까? 모든 예술 작품은 제작자의 무의식을 알게 모르게 담고 있다. 우리는 어떤 일을 하든 우리의 무의식으로부터 자유로울 수 없다. 이것이 정신분석학에서 말하는 정신결정론이다. 그러나 한편으로 우리가 예술 작품을 분석할 때 함부로 정신분석 이론을 적용하는 것은 매우 위험한 일이다. 이러한 분석 작업에는 많은 신중함과 그러한 분석을 뒷받침해줄 충분한 자료가 필요하다. 그리고 이러한 분석 작업의 출발점에는 항상 예술과 예술가에 대한 사랑이 전제되어야 한다.

따라서 작품만으로 그를 이해하는 데에는 한계가 있을 수밖에 없지만, 그 점을 감안하면서 그의 작품 세계를 들여다보자. 그의 영화에는 아버지가 등장하지 않는다. 〈라이브 플래쉬〉에서는 오이디푸스 삼각관계를 나타내는 장면이 두 번 반복되어 나오고 결국 아버지를 상징하는 인물은 총을 맞아 반신불수가 된다. 그리고 주인공은 거세된 아버지를 이기고 여주인공을 차지한다. 〈내 어머니의 모든 것〉에서도 역시 아버지는 등장하지 않는다. 영화 첫 장면에서 어머니와 아들은 마치 연인 관계처럼 보인다. 그리고 원래 무용수였던 가정부가 빨간 드레스를 입고 그의 아들과 춤을 추는 장면, 이는 완벽한 근친상간의 상징이다.

그렇다면 알모도바르가 그렇게 모성을 찾아 헤매는 이유에는 근친상간적 욕구가 도사리고 있는 것일까. 〈내 어머니의 모든 것〉을 보면서 어쩌면 롤라의 트랜스젠더 친구인 아그라도의 모습이 알모도바르가 되고 싶은 모습의 상징일지도 모른다는 생각이 들었다. 여성이 되기 위해 온몸에 실리콘을 주사하여 가슴을 만들고 몸을 변형시키고, 돈이 더 들수록 여성에 더 가까워진다고 얘기하는 그, 아니 그녀는 양성의 모습을 지니고 있다.

어쩌면 그래서 이 감독이 그렇게 여성의 시각에서 여성의 영화를 꾸준히 만들어왔는지도 모르겠다. 그러나 그것은 진정한 여성이 될 수 없었던 그의 시각에서 본 여성일 뿐, 진정한 여성으로서 느끼는 시각은 아니었던 것 같다. 그렇기에 그의 영화들은 뭔가 공허한 메아리 같은 울림이 있다. 마치 진정한 여성이 될 수 없었기에 두 명의 아들이나 태어나게 하고, 그 아들들을 모두 위험에 빠지게 한 롤라처럼.

이 영화에서는 여성성과 모성에 대한 감독의 집착이 오히려 영화의 흐름을 방해하는 부분이 있다. 그 부분을 강조하려다 보니 이야기의 전개에서 자꾸만 개연성이 부족해진다. 왜 마누엘라가 로사를 그토록 헌신적으로 돌보는지, 아들을 죽게 한 것이나 마찬가지인 여배우에게 왜 화해와 사랑의 손길을 뻗는지 관객들은 자꾸 의아한 마음이 들 수밖에 없다. 내용에 몰입하기보다 스토리의 여백마다 모성을 억지로 구겨 넣은 느낌이랄까. 게다가 마지막에 아이가 기적적으로 에이즈에서 회복된다는 해피엔딩 역시, 모성으로 모든 것을 이겨낼 수 있다는 또 다른 강박으로 여겨지는 결말이다.

물론 배우들의 연기, 그리고 감독의 명성에 걸맞은 촬영기법과 화려한 영상은 감탄할 만하지만 기본적으로 시나리오에 공감할 수 없을 때 영화는 억지스럽게 느껴질 수밖에 없다. 억지로 만들어진 모성성, 이 영화를 보고 나면 쓸쓸하게 남는 감정이다.

낚싯줄에 잡힌
물고기에게 주어진 선택

- 〈흐르는 강물처럼A River Runs Through It〉,
로버트 레드포드, 1992.

영화 〈흐르는 강물처럼〉은 몬태나 출신의 전 시카고 대학 교수이며 시인이자 작가인 노먼 맥클레인의 자서전을 로버트 레드포드가 1992년 감독한 작품이다. 이 영화는 몬태나 지역의 아름다운 경관을 배경으로 숭어 낚시와 한 가족의 이야기가 흐르는 강물처럼 펼쳐진다. 영화의 시작과 끝에서는 은퇴한 노교수가 직접 나와 숭어 낚시의 미끼를 꿰며 강물처럼 흘러갔던 자신의 가족 이야기를 회고하는 장면이 나온다. '이 이야기는 우리 가족의 이야기다'로 시작되는 이 영화는 자신의 가족에게 일어났던 일들을 이해하려는 노교수의 노력과 더불어, 우리가 살아오면서 겪었던, 혹은 겪고 있고 앞으로도 계속 겪을 법한 여러 현상들을 읽을 수 있는 은유로 더욱 풍부해진다.

이 영화는 장로교회 목사인 리버런드 맥클레인과 그의 아내, 아들인 노먼과 폴이 몬태나주 강가의 교회에 사는 모습을 그리고 있다. 그중에서도 아버지와 아들 노먼 사이에서 일어나는 일을 집중적으로 보여준다. 아버지는 집에서 절대적인 존재이며, 감정 표현을 억제하고, 원칙을 고수하고, 칭찬에 인색하며 가족들을 엄격하게 통제하는 인물이다. 그러나 그의 엄격함 뒤에는 문학과 낚시와 아이들에 대한 열정과 사랑이 자리 잡고 있다. 반면 이 집안에서 어머니의 존재는 극히 미약하다. 그는 아버지의 그림자처럼 지내며 언뜻 비추는 걱정과 소심함으로 자신의 존재를 나타낼 뿐이다.

아버지는 노먼을 학교에 보내지 않고 직접 가르친다. 문학에서의 생명은 절제라고 믿는 아버지는 노먼이 제출한 작문에 줄을 죽죽 그으며 계속해서 반으로 줄이라고 명령한다. 노먼은 싫은 기색이 역력하지만 차마 거부하지 못하고 그대로 따른다. 겨우 아버지의 검열을 통과한 노먼은 아버지의 허락이 떨어지기 무섭게 낚싯대를 잡고 밖으로 뛰쳐나간다. 층계에 앉아 형의 수업이 끝나기만을 기다리던 폴도 노먼을 뒤따라 달려가고, 두 형제는 숭어 낚시를 통한 자연 학습을 시작한다. '우리 집에서 낚시는 종교와 같았다'라는 노먼의 회상처럼 아버지는 낚시의 리듬을 통해 인생의 리듬을 가르치고자 했다. 메트로놈을 두고 네 박자로 낚싯줄을 던지는 방법을 가르치는 아버지는 인생과 예술에 대한 열정마저 그가 정한 규칙 속에 가두려 든다.

큰아들 노먼은 여러 면에서 아버지를 닮은 소년으로, 그는 다소 지나친 듯한 아버지의 교육과 통제를 받아들이고 순종하며 아버지처럼 문학과 시어를 사랑하게 된다. 하지만 동생 폴은 여러 면에서 노먼과 다르다. 그는 그림자처럼 형 노먼을 따라다니지만 어려서부터 열정적이며 과감하고 때로는 무모하기조차 하다. 노먼은 자신과 전혀 다른 성향을 가진 폴에 대하여 '폴의 그런 힘은 그의 내부에서 나왔다'라고 회상한다.

이 두 아들의 모습은 극과 극으로 다른 성향만큼이나 대비적으로 그려진다. 노먼은 신중하고 사려 깊으며 순종적이지만 리더의 역량을 갖추지는 못했다. 반면 폴은 충동적이고 도발적이며, 그만이 가진 카리스마와 매력으로 항상 집단의 중심에 위치한다. 두 형제는 어릴 때부터 아버지의 가르침에 대해 전혀 다른 반응을 보인다. 폴은 식탁 앞에 앉아 '신은 수천 년 동안 우리에게 오트밀을 주셨고, 어린아이가 그 법칙을 깰 수는 없다'는 아버지의 말을 거부하며 몇 시간이고 오트밀 먹기를 거부한다. 낚시를 할 때에도 아버지의 리듬을 깨고 자신만의 독특한 숭어잡이 리듬을 개발하여 서서히 아버지의 규칙에서 벗어나기 시작한다. 영화에서 두 형제는 딱 한 번 싸우는데, 위험한 급류를 탄 것에 대해 폴이 혼자서 책임을 지겠다고 나섰을 때다. 두 형제는 서로에 대한 찬탄과 사랑과 경쟁심으로 묘하게 얽혀있다. 영화 내에는 이 형제가 왜 이렇게 다른지 추측할 수 있는 근거는 드러나지 않는다. 타고난 성격이 다른 것일 수도, 둘째인 폴이 아버지와 형에 대하여 가지는 선망과 경쟁심이 그의 마음을 좀 더 복잡하게 만들었을 수도 있다. 그러나 두 형제는 각기 아버지의 다른 측면을 동일시하고 있다는 점에서 여전히 아버지의 그늘에 있다. 노먼은 목사가 되고 싶어 하고 폴은 전문 낚시꾼이 되고자 한다. 그런 직업은 없다는 형의 말에도 불구하고 말이다.

그렇게 항상 아버지 말을 받아들이고 그 권위에 복종했던 노먼과 아버지의 규칙을 벗어나고 깨기 위해 몸부림쳤던 폴은 전혀 다른 결과를 맞이한다. 노먼은 아버지 곁을 떠나 먼 곳에서 대학을 다니고 대학 교수가 된다. 그러나 항상 아버지를 벗어나고자 했지만 고향 근처를 벗어나지 못하고 고향의 신문사에서 기자 생활을 하며 유명한 낚시꾼으로 이름을 떨치던 폴은 끝내 도박에 빠져들다 죽음까지 맞이하게 된다.

이 가족에서 분리개별화의 명제는 어머니가 아니라 아버지로부터 나온다. 분리개별화 과정이라는 것은 마거릿 말러라는 영국의 분석가가 주장한 이론인데, 아이가 출생 직후 일차적 돌봄자인 어머니와 공생적 관계에서 출발하여 차츰 어머니와 자신을 분리해서 인식하고 독립된 개체로 서게 되는 것을 말한다. 하지만 이들 가족 내에서는 아버지가 누구보다 막강한 영향력을 가지며, 까다롭고, 권위적이고 완벽주의자다. 그는 자신의 감정을 통제하여 좀처럼 드러내지 않으나, 그 이면에는 아들에 대한 헌신과 사랑, 때때로 경쟁심이 숨어있다. 이렇게 아버지가 절대적인 힘의 중심에 있는 가족은 전적으로 아버지에게 밀착되고 의존하게 된다. 그래서 아버지로부터의 분리개별화가 더 문제가 되는 것이다.

더구나 아버지의 권위는 그가 주일마다 교회에서 하는 설교에 의해 더욱 강화된다. 비록 집에서는 말을 아끼고 절제하나 교회에서는 아버지인 동시에 영향력 있는 설교자다. 더불어 직접 아이들을 가르치는 선생님의 역할까지 하기 때문에, 아이들에게는 아버지의 권위를 희석시켜 줄 만한 다른 선생님이 없다. 더구나 어머니는 순종적이고 따뜻하며 헌신적이나 수줍고 억제되어 있다. 서로를 진심으로 사랑하고 있는 것 같지만 사랑이나 친밀감의 표현은 겉으로 잘 드러나지 않고 극히 억압되어 있는 가족이다. 어머니 자신조차 아버지로부터 분리되지 못했기 때문에 아이들에게 있어서 아버지로부터의 분리개별화는 더욱 어렵게 된다.

그런 가족의 형태 속에서 두 형제가 아버지와 관계하는 방식은 각각 다르다. 노먼은 아버지의 혹독한 가르침이 싫지만, 그것을 그대로 견뎌내고 받아들이며 따른다. 그리고 이러한 방법으로 지식과 기술을 획득한다. 아버지에게 복종하고 아버지의 글과 문학에 대한 사랑과 존경을 동일시하면서 아버지의 인정을 받는다. 결국 그는 자유를 획득하고 낚시와 놀이를 하러 뛰쳐나간다. 반면 폴의 경우는 다르다. 아버지의 권위에 굴복하지 않고 자신의 의지를 내세우는 그의 반항적인 행동에도 불구하고 그는 자유를 얻지 못한다. 폴은 항상 아버지와의 전쟁에 꼼짝없이 묶여 헤어나오지 못했다. 아버지로부터 벗어나려는 그의 소망은 보트를 훔쳐 급류를 타는 위험한 행동에도 잘 드러난다. 그러나 이러한 행동은 그를 해방시켜주지 못하고 오히려 아버지와의 갈등을 더욱 지속시킬 뿐이다.

폴은 언제나 규칙을 깨고 위험한 행동을 하는 것을 즐긴다.

근무시간에 술을 마시고, 인디언 여자를 데리고 술집에 가며, 보란 듯이 도발적인 춤을 추고, 싸움질을 하며 도박에 빠져든다. 그리고 점차 감당할 수 없을 만큼 빚이 늘어나다 돌이킬 수 없는 자기 파괴의 길로 접어들고 만다. 그의 모든 행동은 아버지의 종교적 가치나 보수적이고 완고한 스타일, 엄격한 도덕적 생활 습관과는 반대된다. 그러나 폴의 비극은 끊임없이 아버지의 규칙을 깨려 하는데도 결국은 벗어나지 못하는 데서 기인하게 된다.

그 와중에 폴이 아버지와 동일시하는 부분인 '낚시'는 많은 상징적 의미를 갖는다. 낚시는 낚싯바늘 끝에 달린 미끼를 두고 물고기와 벌이는 일종의 전쟁이다. 낚싯줄 끝의 고리에 걸린 물고기는 거기서 벗어나기 위해 필사적으로 몸부림을 친다. 그러나 몸부림을 치면 칠수록 줄은 더욱 팽팽해지고 갈고리는 물고기의 몸 안에 더욱 깊숙이 박히게 되며 결국 고기는 점점 지쳐간다. 도리어 낚싯바늘에서 풀려나는 방법은 낚시꾼 쪽으로 헤엄쳐 가서 낚싯줄을 느슨하게 한 다음 기회를 포착하는 것이다. 노먼은 아버지에게 순종하다 결국 자유를 얻는 데 성공하지만, 폴은 아버지로부터 벗어나기 위해 필사적으로 몸부림치다 아버지와 연결된 끈이 너무 팽팽하고 강한 나머지 오히려 자신을 더욱 옭아매게 된다. 그는 결코 몬태나를 떠나지 않고, 아버지 주변에 머물며 그저 아버지가 요구하는 모든 것에 반항할 뿐이다. 어쩌면 그가 도박에 빠져드는 것도 낚시와의 유사점 때문이 아니었을까 싶다. 도박 역시 미끼를 던지고 상대방과 팽팽한 줄다리기 끝에 먹이를 낚아채든지 먹히게 되는 게

임이다. 그는 도박판에 몸을 던지고 그 안에 있는 보이지 않는 끈으로 자신의 몸을 칭칭 동여매고 마는 것이다.

마거릿 말러가 설명한 분리개별화 과정은 주로 엄마와 아이의 관계에 초점을 맞추었고 아버지와의 관계에 대한 설명은 부족했다. 아벨린이라는 분석가는 이 분리개별화 과정에서 아버지의 위치에 주목했는데, 그는 아버지와의 관계가 출생 직후부터 시작되어 점차 깊어지게 된다고 봤다. 그렇게 생후 2, 3세가 되었을 때 아버지는 양가적 관계의 어머니와 달리 오염되지 않은uncontaminated 사랑의 대상으로서, 아이에게는 현실의 쪽에 서서 적응하는 기술을 습득하도록 돕는다는 것이다. 그리고 이러한 초기의 아버지와의 동일시가 오이디푸스 콤플렉스로 가는 길을 닦는다고 하기도 했다.

또한 블로스라는 분석가는 오이디푸스 이전기의 아버지와 아들 관계는 아이가 일생에서 자신과 대상의 세계를 만들어가는 데 결정적인 영향을 준다고 하였으며, 이 관계를 '아이소젠더isogender'라 칭했다. 오이디푸스 이전기에서 아버지는 이상적이고 전지전능한 모습으로 비춰지고, 오이디푸스의 시기에 위협적으로 느껴지는 아버지의 상은 이렇게 사랑하고 보호하며 인정해주는 아버지의 상과 동반된다는 것이다. 아버지에 대한 이러한 이미지는 역-오이디푸스 갈등negative oedipus complex의 기초가 되어 아버지에게 리비도적으로 밀착되는 계기가 된다. 이러한 역-오이디푸스 갈등은 오이디푸스 갈등이 해결된 후에도 그대로 억압되어 존재하며, 청소년기에 들어서야 완전히 해결될 수 있고 그제야 비로소 정상적인 성인기로의 진입이 가능하게 된다.

이러한 이론을 바탕으로 생각해 보면 폴은 아버지에 대한 오이디푸스 및 역-오이디푸스 갈등을 채 해결하지 못하고 아버지와 심한 양가적 관계에 머무르는 셈이다. 그리고 아버지와 분리개별화되지 못한 채 자기 파괴의 길을 밟는다. 그가 내심으로 도움을 원하고 있다는 것은 아무도 눈치채지 못한다. 노먼이 고향에 돌아와 폴과 낚시를 하러 갔을 때 폴이 언뜻 마음을 내비치지만 노먼은 어떻게 해야 할지 모르고 그저 지켜볼 뿐이다.

한편 억압적인 아버지에게서 벗어난 노먼이 제시라는 여인에게 빠져드는 장면도 매우 흥미롭다. 금발에 자유분방하고 충동적이며 무모하기까지 한 그녀는 여러 면에서 노먼보다는 폴과 닮았다. 그녀의 가정 역시 무질서하고 감정적인 듯하나 부족하고 모자란 것까지 포용해주는 면이 노먼의 가정과는 상반된다. 노먼은 그런 제시에게 한눈에 반하고 프로포즈를 하게 된다. 아마 노먼과 폴은 각자에게 없는 상대방의 특성을 깊게 사랑하고 열망한 듯하다. 그러나 서로에게 어떻게 다가갈지에 대해서는 모른다. 아버지 역시 폴의 가치와 아름다움을 인정하고 사랑했으나, 진정으로 다가가지는 못했다.

그리고 마지막 설교에서 아버지는 회상한다. '우리는 상대방이 도움을 원하고 있다는 것을 알면서도 도움을 주지 못합니다. 오히려 때로 그들이 원하지 않는 도움을 주곤 합니다. 그러나 우린 서로에게 도움이 될 수 없다 하더라도 서로를 사랑할 수는 있습니다.'

아버지 역시 자신만의 한계를 지닌 인간이었고 그로 인해 서로에게 원치 않는 상처를 주고받을 수밖에 없었다. 그렇게 아버지와 두 아들의 시간은 흘러 강으로 녹아들고, 그들의 시간 위로 강물은 계속해서 흘러간다. 그리고 숭어가 죽음을 맞이하기 위해 자신이 태어난 강으로 다시 돌아오듯, 노먼은 은퇴한 뒤 고향으로 돌아와 다시 어릴 적의 그 강 위에 낚싯줄을 던진다.

누군가 한 천재를
세상 밖으로 이끌었다

- 〈굿 윌 헌팅Good Will Hunting〉,
구스 반 산트, 1997.

영화 〈굿 윌 헌팅〉의 윌 헌팅은 보스턴의 빈민가에 살고있는 청년이다. 어떤 분야든 혼자서 책을 읽어 깨우치는 비상한 머리를 지니고 있지만, 항상 술과 욕을 달고 사는 반항적인 성격으로 MIT 에서 청소 일을 하며 지낸다. 그는 청소하던 교실에서 수학 교수 램보가 학생들에게 낸 문제를 보고 몰래 풀어 답을 적어내며 학생과 교수를 조롱하고 무력화시킨다. 필요한 지식은 스스로 습득하며 자신의 머리로 세상 모든 권위를 비웃고 깔보는 인물이다.

수학 교수 램보는 우연히 윌의 천재성을 알아채고 그를 키우려 노력하지만, 윌은 여전히 사고를 치고 다닌다. 급기야 집단 패싸움을 벌이다가 이를 말리려던 경찰까지 폭행하여 재판을 받고 수감될 위기에 처한다. 램보는 이를 안타깝게 여겨 자신의 책임하에 그의 연구를 돕고 정신과 치료를 병행한다는 조건으로 월을 석방시킨다. 하지만 월은 밤새 심리학 책을 읽고는 오히려 자신을 치료하려는 사람들의 약점을 간파하고 논쟁을 벌여 그들을 질리게 만든다.

램보는 결국 대학 시절 자신의 경쟁자이자 친구였던 정신과 의사 숀 맥과이어에게 월을 부탁한다. 숀의 진료실에 들어간 월은 이번에도 역시 숀을 무력화시키기 위한 건수를 찾는다. 숀이 직접 그린 한 점의 그림을 본 월은 숀의 내면을 해석하기 시작한다.

"파도가 일렁이고, 무서운 폭풍우가 덮쳐올 것 같은데 배는 안전한 부두에 닿기 위해 애를 쓰고……. 당신은 두려움을 이기려고 정신과 의사가 됐군요."

흠칫하는 듯한 숀의 태도에 의기양양해진 월은 더 나아가 그의 부인에 대해 언급하며 실패한 결혼이라 떠든다. 이에 격분한 숀이 월의 목을 잡고 벽에 밀치며 다시 한번 부인에 대해 언급하면 용서하지 않겠다고 분노하지만, 월은 태연히 진료실을 떠난다.

그러나 이후 월은 다시 숀의 진료실을 찾게 된다. 의대생인 스카일라를 만나 사귀던 월은 끝내 버림받을지 모른다는 두려움으로 그녀를 떠나게 되는데, 숀과의 치료를 통해 월은 조금씩 마음을 열고 자신의 두려움을 직면한다. 그는 어린 시절에 양아버지에게 학대당하던 기억을 떠올리며 감정을 터트리고 흐느낀다. 숀은 흐느끼는 월을 안고 '그건 네 잘못이 아니다'라고 반복해서 말해준다. 과거의 고통스러운 기억에서 벗어난 월은 치료를 끝내고, 숀은 여행을 시작한다. 그리고 월이 친구 처키가 선물로 준 차를 몰고 스카

일라를 찾기 위한 여정을 시작하는 것으로 영화는 막을 내린다.

월은 과거의 고통스러운 기억을 안고 있는 청년이다. 그는 친부모로부터 버림받았고, 양부모에게 입양되었다가 다섯 번이나 파양된 경험이 있다. 더구나 그중 세 번은 양부의 모진 학대에 의한 파양이었다. 그는 이러한 기억 때문에 세상에 대해 깊은 불신과 증오를 안게 되었지만, 동시에 세상에 대한 두려움으로 익숙한 고향인 보스턴을 절대 떠나지 않는다. 그는 또다시 자신을 학대하고 버릴지 모르는 사람들에게 자신의 뛰어난 지적 능력을 이용한 방어막을 친다. 누군가 만나기 전에 그 분야의 책을 독파함으로써 이론적으로 상대를 무력화하고 이를 통해 자신을 공격할지도 모르는 상대를 거세하고 조롱하는 것이다.

이때 그가 주로 사용하는 방어기제는 이론적으로 무장하여 감정적인 것을 부인하고 억압하는 '지식화intellectualization'다. 어린 시절 버림받고 학대당했던 기억이 있는 아이는 자신이 나쁘기 때문에 그런 일을 당했다고 여겨, 자신의 내면에 있는 분노와 공격성에 심한 두려움과 죄책감을 느낀다. 아이는 무력하고 열등한 자신을 방어하기 위해 병적인 과대자기pathologic grandious self를 발달시키는데 이는 나르시시즘의 기반이라고도 할 수 있다. 이제 아이는 오만하고 다른 사람을 깔보며, 과대자기를 유지하기 위해 항상 다른 사람의 갈채를 필요로 하게 된다. 또한 다른 사람의 감정을 이해하고 공감하는 능력이 결여되며, 자신의 열등감을 자극하는 조그만 일에도 굉장한 분노 반응을 일으킨다. 아이는 주변에 자신을 찬탄하는 사람들이 필요하지만 사람들과 가까운 관계는 맺지 못한다. 자칫 자신의 열등하고 무력한 부분이 노출되면 자신이 믿고 있는 과대자기가 손상되고 사람들이 실망하여 자신을 떠날 수 있기 때문이다.

영화에서 윌은 두 세계에 속해있다. 하나는 보스턴의 빈민가이고, 또 하나는 책 속에 펼쳐진 무궁무진한 세계다. 보스턴은 하버드와 MIT가 연상되는 전형적인 중산층 도시이지만 윌이 살고 있는 곳은 그 언저리의 빈민가다. 그는 도시 중심부로 편입될 수 있는 충분한 지적 능력이 있지만 자신의 영역을 떠나려 하지 않는다. 대신 가족과도 같은 친구들의 찬탄과 인정을 받으며 막노동과 청소부 일을 한다. 제자리에 머무는 쪽을 선택하는 것이다. 하지만 또 한편으로는 밤마다 책 속에 빠져들어 지적 유희를 즐긴다. 속물적이고 야비한 현실 세계와 분리된 지적인 세계 속에서 그는 정보를 분석하고 통제하며, 거기서 얻은 지식으로 현실의 지식인들 위에 서서 그들을 조롱하고 무참히 박살 낸다.

그러던 중 윌에게 변화의 기회가 찾아온다. 그의 수학적 재능을 아깝게 여긴 램보 교수를 통하여 정신과 의사 숀을 만나게 된 것. 사실 윌이 숀의 진료실에서 그림을 보고 연상한 내용은 무척 흥미롭다. 숀의 심리를 파악하기 위해 그 그림을 분석했으나 사실은 자신의 심리 상태를 그대로 말하고 있기 때문이다. '거대한 폭풍우가 덮쳐올 듯한 곳에서 안전한 부둣가를 찾기 위해 무던히 애쓰는 작은 배'라는 건 윌 자신의 상태이기도 하다. 오만한 얼굴을 하고 있지만 그는 사실 두렵고 위험한 세상에서 안전한 피난처를 찾기 위해 안간힘을 쓰고 있는 나약한 작은 배일 뿐인 것이다. 이는 마치 주어진 그림을 보고 연상하는 내용을 통해 자신의 심리 상태를 드러내는 주제통각검사 TAT, Thematic Apperception Test를 연상하게 하기도 한다. 결국 윌이 치료자를 화나게 만드는 게 단지 자신의 약한 내면을 감추기 위한 발버둥이라는 걸 눈치챈 숀은 본격적인 치료에 들어가게 된다.

그러나 이 둘의 치료 관계는 전형적인 치료의 형태를 넘어서고 있다. 사실상 다분히 치료자에게 마술적 기대를 거는 할리우드적 소망을 드러내는 듯하다. 숀은 '당신처럼 말이 많은 치료자는 처음 봤다'는 윌의 지적처럼 자신의 감정과 생각을 솔직하게 이야기한다. 그리고 윌은 숀의 진솔한 태도에 서서히 마음의 문을 열기 시작한다. 이 둘의 치료는 페렌치라는 분석가의 상호분석 mutual analysis을 떠올리게 한다. 페렌치는 환자의 분석이 끝나면 자리를 바꾸고 환자로 하여금 자신을 분석하도록 했다. 그러나 이 치료가 많은 위험성이 있음을 깨닫고 곧 중단한 바 있었다. 실제로 숀과 윌의 치료 과정도 누가 환자인지 헷갈릴 정도다. 부인과의 사별의 충격에서 아직 벗어나지 못한 숀은 윌과의 치료 과정 중에 부인의 죽음에 대한 애도 반응을 다시 한번 답습하기도 한다. 치료자와 환자가 서로의 상처를 나누며 치유받고 있는 것이다.

사실 이러한 관계는 정신치료 상황에서 많은 환자들이 바라는 것이기도 하다. 환자들은 자신만 일방적으로 이야기를 하고 치료자에 대해서 아무것도 모른다는 사실에 불만과 두려움을 갖는 경우가 많다. 그들은 치료자와의 따뜻하고 인간적인 관계를 통해 위안받고 치유받기를 원한다. 하지만 이러한 관계에 의한 치유는 일시적인 만족과 위안을 줄 수 있을지 몰라도 환자의 내적 고통을 이해하고 이를 근본적으로 해결하여 재구성하는 데에는 오히려 방해가 될 가능성이 높다. 일시적으로는 힘들지 몰라도, 치료자가 일관되게 중립적인 위치를 지키면서 환자가 그 관계 속에서 자신을 투영하여 스스로 볼 수 있도록 돕는 것이 환자의 치유에 결과적으로 더 도움이 된다는 것은 이미 널리 알려진 사실이다.

그러나 윌은 매우 어려운 환자다. 그는 단단한 이론으로 무장한 갑옷을 입고, 특유의 직관력이란 창으로 여기저기 쑤셔대며 상대에게 상처를 입힌다. 숀은 이런 윌에게 적극적으로 다가가기 위해 위험부담을 감수하면서 상호분석과 같은 방법으로 그의 마음을 열고 고통스러운 기억을 끄집어내는 것이다. 그리고 이 과정 중에 숀 역시 윌처럼 아버지로부터의 고통스런 기억이 있다는 사실이 밝혀지는데, 그가 왜 그렇게까지 온몸을 던져 치료에 나섰는지 비로소 고개가 끄덕여지는 부분이다. 숀은 윌을 마치 자신의 분신처럼 보고, 자신을 치료하듯 윌에게 다가간 셈이다. 그렇게 윌이 마침내 치유되는 장면은 전형적인 치료에서의 카타르시스^{catarsis}를 연출한다. 어릴 적 학대받았던 기억에 대해 '너의 잘못이 아니다'라고 말해주는 것.

여기서 숀이 '그건 너의 잘못이 아니다'라고 하며 윌을 안아주는 장면은 로버트 레드포드 감독의 〈보통 사람들〉에서 형의 죽음에 대한 죄책감에 시달리는 콘래드에게 치료자가 '그것은 너의 잘못이 아니다'라고 말하는 장면에서 빌려온 듯하다. 여기에서 윌의 치료는 마무리되는데, 이 과정이 치료자와의 동일시를 거쳐 치료자가 걸었던 길을 그대로 반복한 것에 불과하다는 점이 다소 아쉽다. 그의 내면에 있는 수많은 갈등과 감정, 그의 취약한 자아 구조의 문제는 아직 그대로 덮여있기 때문이다. 그래서인지 먼 길을 떠나는 윌의 뒷모습은 웬지 위태위태하고 안쓰럽다. 그러나 결국 그 또한 윌이 앞으로 살아가면서 풀어가고 감당해야 할 몫이기에, 우리는 그의 뒷모습에 그저 응원을 보낼 뿐이다.

영화에서 아버지가 없었던 윌은 세상에 편입해 들어가는 과정에서 램보와 숀이라는 두 명의 새로운 아버지를 만난다. 그러나 이 두 사람은 윌에게 조금 다른 역할로 다가간다. 램보는 자신보다 똑똑한 아들에게 경탄과 선망, 한편으로는 질투와 자기 연민의 감정을 보이며 그를 통해 자신의 못다 한 꿈을 이루고자 하는 아버지다. 윌의 방정식 풀이를 불타지 않게 허겁지겁 건져내려는 그의 모습은 영화 〈아마데우스〉에서 모차르트의 천재성에 무릎 꿇고 애통해하던 살리에리를 떠오르게 하기도 한다. 그리고 숀은 아들이 진실로 원하는 것을 찾게 해주려는 좋은 아버지로, 이는 윌의 마음속에 있던 분열된 아버지의 이미지가 투사된 것으로도 볼 수 있다. 윌은 자신의 질시와 경쟁심을 램보에게 투사시켜 마치 그가 자신을 빠져나가지 못하도록 얽어매는 것처럼 느끼는 한편, 자신이 바라는 이상적인 아버지상은 숀에게 투사시켜 그가 자신을 보호하도록 만들고 있는 것이다. 그리고 아직은 이 둘을 통합시킨 현실적인 아버지상을 받아들이지 못하고, 이상적인 아버지만을 동일시하며 치료의 막을 내리게 된다.

〈굿 윌 헌팅〉과 비슷하게, 가난한 생활을 하던 천재가 자신의 능력을 인정하는 좋은 아버지를 만나 비로소 재능을 발휘한다는 스토리는 구스 반 산트 감독의 또 다른 영화 〈파인딩 포레스터〉에도 이어진다. 이 영화 역시 빈민가에 사는 흑인 소년 자말이 뛰어난 문학적 재능을 감추고 지내다가 세상을 등지고 살아가던 은둔 작가 윌리엄 포레스터를 만나고, 7의 도움을 받아 마침내 친재성을 발휘하게 된다는 내용을 담고 있다. 이 영화는 순수한 눈빛을 지닌 한 여린 소년과 실패에 대한 두려움에 세상으로 통하는 문을 닫아버린 고집불통의 늙은 작가가 서서히 우정을 발전시키며 서로를 치유해 간다는 점에서 〈굿 윌 헌팅〉의 윌과 숀의 관계를 그대로 잇는다. 그리고 감독은 이를 증명이라도 하듯이 마지막 장면에 윌 역의 맷 데이먼을 출연시켜 자말에게 포레스터의 유품을 전하게 한다.

〈굿 윌 헌팅〉의 윌이나 〈파인딩 포레스터〉의 자말 모두 자신이 속해있던 세계를 떠나 좀 더 넓은 밖의 세상으로 들어가는 과정에서 자신의 판타지에서나 있을 법한 이상적인 아버지를 만난다. 실제로 발달기의 아이들은 '가족 로맨스'의 판타지를 갖기도 하는데, 이것은 오이디푸스 시기의 아이가 자신이 이 가족의 일원이 아니라 높고 고귀한 집안의 자식으로 어떤 사연이 있어 이 집에 살고 있다고 여기는 판타지를 말한다. 누구나 한 번쯤은 생각해 보았을 법한 친근한 판타지다. 그러나 자신을 버렸던 이전의 아버지를 용서하고 이해하는 데는 그럴 수밖에 없었던 합당한 이유가 필요하다. 여기서 아버지 또한 상처로 신음하고 있다는 것을 알고 그들은 아버지와 화해한다. 그리고 서로의 상처를 치유해 나간다.

한편으로 이러한 과정은 미국인들의 집단 심리를 그대로 반영하고 있는 것처럼 보인다. 미국은 이민자들이 세운 나라이기 때문인지, 여러 영화에서 아버지를 부정하다가 결국에는 아버지와 화해하려는 노력을 보이는 모습이 나타날 때가 많다. 그래서 주로 아버지가 없거나, 있더라도 없는 것과 다름없는 존재감을 보이는데 최근의 할리우드 영화에서는 '좋은 아버지 찾기'를 시작한 듯하다. 그들은 아버지에 대한 콤플렉스를 직접 화법으로 보여주면서 상처받은 아버지와 아들이 서로의 상처를 치유하고 화해하는 과정을 담는다. 숀 역의 로빈 윌리엄스나 포레스터 역의 숀 코네리는 이러한 아버지 역을 훌륭하게 해냄으로써 영화를 한 단계 격상시켰다. 그들이 겹겹이 입은 옷 안의 상처는 그들의 눈빛 연기를 통해 밖으로 드러나고, 고집스러움과 따뜻함이 적절히 어우러진 표정 연기는 윌이나 자말뿐 아니라 관객들이 꿈꾸어 왔던 인간적인 아버지의 상을 충분히 충족시켜 준다. 그리고 관객들은 자신이 못 이룬 꿈을 윌과 자말이 대신 이룰 수 있도록 그들의 등 뒤에 희망을 한 가닥 얹어 보내며 극장을 나서게 된다.

과거의 유리구슬을 깨고 나와
현실을 사는 법

- 〈러브레터Love Letter〉,
이와이 슌지, 1995.

　한 소녀가 하얀 눈밭에 누워 참았던 숨을 '후' 하고 내쉬고는
일어나 언덕 아래로 달려가며 이 영화는 시작한다. 영상의 '클로즈
업'은 관객의 동일시를 강화하는데, 시작부터 화면 가득히 얼굴을
보인 이 소녀는 자신이 속한 동화 같은 나라로 관객들을 이끈다.
　2년 전에 죽은 약혼자 후지이 이츠키를 잊지 못한 주인공 와
타나베 히로코는 그가 더 이상 이 세상에 없다는 것을 알면서도 이
츠키가 어릴 때 살던 주소로 짧은 편지를 보낸다. '잘 지내나요? 난
잘 있어요.' 그런데 이미 집이 사라지고 국도가 되어버렸다던 그 주
소로부터 뜻밖의 답장이 온다. 알고 보니 그 편지는 그녀의 약혼자
와 이름이 같은 데다가 같은 중학교를 나온 후지이 이츠키라는 여
성이 보내온 것이었다. 그렇게 우연히 서로를 알게 된 두 사람은 편

지를 교환하며 과거의 추억을 하나씩 꺼내보게 된다. 주로 약혼자의 중학교 시절 추억을 알고 싶다는 히로코를 위해 이츠키가 그에 관한 어릴 적 기억을 떠올려 전해주는 식이다.

이 영화을 보다 보면 자연스럽게 가지게 되는 의문이 있다. 우선 편지를 주고받는 히로코와 여자 이츠키가 왜 일인이역으로 설정되었느냐는 점이다. 분장 기술이나 촬영기법이 많이 발달했을 텐데도 영화에서는 그 두 사람을 거의 구분이 안 되는 수준으로 묘사하고 있다. 또 이츠키는 왜 알지도 못하는 먼 곳의 사람에게서 온 편지에 그토록 열심히 답장을 하며, 중학생 때의 기억을 애써 되살려 그녀에게 전해주는 것일까. 그러나 영화의 중반이 넘어가면 이러한 궁금증이 하나둘 해소되기 시작하고, 차츰 이 영화가 담고 있는 많은 슬픔도 조금씩 드러난다.

영화 〈러브레터〉는 결국 과거에 갇혀 살고 있는 사람들의 이야기다. 히로코는 죽은 약혼자의 기억에 갇혀 현실에 안착하지 못하고 유령처럼 과거를 맴돌고 있다. 현재 사귀고 있는 다른 남자와 키스하면서도 이츠키의 망령에서 벗어나지 못한다. 히로코는 우연히 여자 이츠키의 얼굴이 자신과 매우 닮았다는 사실을 알게 되고, 죽은 약혼자가 왜 자신을 보고 첫눈에 반했는지 깨닫지만 그녀를 통해 그에 대한 추억을 공유받고 싶어 한다. 여자 이츠키 역시 아버지의 죽음에서 헤어나오지 못하고 있는 인물이다. 감기가 심해져 끊임없이 기침을 하면서도 병원에 가길 거부하고, 그러면서도 과거의 기억을 찾아 차가운 눈밭을 헤매는 이츠키는 감기가 폐렴으로

도져 끝내 세상을 떠난 아버지와 자신을 동일시하고 있는 듯하다.

결국 이 둘은 하나였던 셈이다. 각각 과거와 현재, 일종의 'Double'. 그러나 이 두 사람은 모두 실재하는 인간이 아니라 유리구슬 속에 영원히 갇혀있는 인형처럼 각기 자신의 세계에서 떠돌 뿐이다. 여기서 왜 그 둘이 구별이 안 될 정도로 비슷하게 묘사되었는지, 또 왜 이츠키가 히로코에게 기억을 전해주기 위해 졸린 눈을 부비고 기침까지 참아가며 그토록 애쓰는지가 확연히 이해된다.

두 사람뿐 아니라 이츠키의 어머니와 할아버지 역시 그들이 구하지 못했던 남편이자 아들에 대한 죄책감에서 헤어나오지 못한 채 항상 그 죽음의 언저리를 맴돌고 있다. 더불어 이런 맥락에서 또 한 가지 눈에 띄는 사실은 인물들의 감정 표현이 두드러지지 않는다는 점이다. 영화 속의 인물들은 아무도 제대로 된 슬픔을 표현하지 않는다. 아들의 3주기 기일에서 부모와 친구들은 잔칫집처럼 낄낄대고, 아버지의 죽음 앞에서 이츠키는 아무 일도 없었다는 듯 표정 변화를 보이지 않는다. 한편으로는 이것이 일본의 문화일까 하는 의문도 든다. 겉으로는 감정을 극히 절제하고 억압하여 슬픔을 드러내지 않는 것이 자연스러운 일인지 궁금하지만, 일본 문화에 대한 공부는 일단 나중으로 미뤄보기로 한다.

이어서 영화에서는 그렇게 과거에 갇혀 맴돌던 사람들이 어떻게 그 유리구슬을 깨고 현실로 걸어 나오는지에 대한 과정을 그려낸다. 이츠키는 히로코의 기억을 찾아주기 위해 중학교 도서관에 들렀다가 수많은 도서 카드에 '후지이 이츠키'라는 이름이 쓰여있다는 것을 듣게 되고 그게 자신이 아니라 히로코의 약혼자이자 자신의 동창 이츠키라는 사실을 알아차린다. 더불어 그가 이미 죽었다는 사실을 듣게 되는데, 이를 알게 된 이츠키는 마치 자신의 아버지가 그랬던 것처럼 폐렴으로 쓰러지고 만다. 여기서 이츠키의 할아버지와 어머니는 과거의 상처를 반복하지 않는다. 76세의 노인인 할아버지는 이전에 아들을 업고 뛰었던 것처럼 손녀딸을 업고 뛰어 끝내 이츠키를 구해내게 된다.

그리고 마침내 그들 각자가 지니고 있던 과거의 상처가 치유된다. 이 시점에서 히로코는 남자친구의 도움을 받아 옛 애인 이츠키가 조난되어 죽었던 산으로 간다. 비로소 옛 애인의 죽음을 정면으로 대면하는 것이다. 사실상 히로코의 현재 남자친구 아키바는 히로코에게 훌륭한 치료사로서의 역할을 해주고 있다. 묵묵히 기다리고, 길을 안내하며, 마지막에는 필요한 기억과 대면시키는 과정까지 함께하고 있으니 말이다. 이 영화가 한 판의 굿이었다면 그는 시끄럽지 않은 고요한 무당이라고나 할까. 그렇게 과거에서 벗어나 슬픔을 치유하는 순간이 바로 히로코가 산 위에서 소리치는, 그 유명한 대사가 나오는 장면이다.

"잘 지내시나요? 나는 잘 지내요!"

한편 이츠키는 혼수상태로 아버지를 향해 중얼거린다.

"잘 지내시나요. 나는 잘 있어요."

어쩌면 이것은 그들 자신과의 대화인지도 모른다. 과거의 히로코가 현재의 히로코에게, 현재의 이츠키가 과거의 이츠키에게.

이 영화 속 메시지를 특히 잘 표현한 장면이 몇 있다. 바로 이츠키가 눈길에 넘어져 얼음에 갇혀있는 잠자리를 보는 장면과, 마지막에 중학교 시절 남자 이츠키가 여자 이츠키에게 전해준《잃어버린 시간을 찾아서》라는 책의 제목이다. 얼음 속에 갇혀 그대로 형태를 보존하고 있는 잠자리는 바로 모두의 기억을 뜻할 것이다. 잠자리는 당연히 자연스럽게 썩어 흙이 되었어야 하지만 변형되지 않은 채 살아있을 때의 모습을 그대로 유지하며 존재하고 있다. 그리고 히로코는 그렇게 흐르지 않고 멈춰버린 과거의 기억을 향해 '잘 지내시나요. 나는 잘 있어요.' 하고 외치는 것이다. 결국 히로코는 지난 사랑의 기억을 과거의 자기 자신에게 돌려주고 나서야 현재의 자신으로 돌아올 수 있었고, 이츠코는 중학교 도서부원이 전해준 도서 카드를 보고서야 억눌렸던 과거의 기억을 되짚어 끝내 몰랐던 진실을 발견하게 된다.

전반적으로 이 영화는 한 편의 순정만화를 보는 듯한 느낌을 준다. 과장된 만화 캐릭터처럼 묘사된 등장인물은 어두운 주제에 밝음과 투명성과 유희성을 더해주고, 그래서 이 영화에 독특한 색깔을 실어주고 있다. 단순한 스토리만 보면 상투적이고 지루할 수 있는 내용임에도, 이토록 맑고 아름다운 슬픔에 대해 만화적인 인물과 묘사로서 이끌어가는 걸 보면 감독인 이와이 슌지가 만화작가로 활동했었다는 사실을 떠올리게 되기도 한다.

3.

죽음을 앞두고 우리는
무엇을 알아야 할까

사랑은 청춘의
전유물일까

- 〈그대를 사랑합니다〉.
추창민, 2010.

"곧 익숙해질 거야. 인생이란 뭐든 익숙해지기 마련이니까."

영화 〈그대를 사랑합니다〉에서 사랑하는 사람을 떠나보내고 외로워하는 할아버지를 걱정하는 손녀딸에게 할아버지가 건네는 말이다. 그래, 맞는 말이다. 고통도 시간이 지나면 익숙해지고 나중에는 고통 없는 시간이 도리어 낯설게 느껴지기도 하는 게 우리네 인간이다. 그래서 희로애락이 요동치는 이 세상에서 '시간이 약이다'라는 말은 변명처럼 들리는 위로이면서 한편으로는 변하지 않는 진실이기도 하다.

그런데 여기에 딱 하나 예외가 있다. 그것은 바로 외로움이다. 외로움은 아무리 시간이 지나도 익숙해지지 않을 뿐 아니라, 시간이 지날수록 오히려 그 부피가 더 커지기도 한다. 게다가 외로움에 오래 방치되면 면역이 떨어지면서 우리의 심신은 더욱 시들어간다. 그래서 혼자 사는 사람들이 질병에 자주 걸리거나 평균수명이 짧아지기도 하는 것이다.

나이 들어간다는 것은 슬픈 일이다. 그것은 젊음과 활력을 잃고, 세상의 중심부에서 주변으로 밀려나 잊혀가는 존재가 된다는 것을 의미하기도 한다. 세상은 아랑곳하지 않고 빠르게 변해서 이제 젊은 세대와는 대화가 잘 통하지 않게 된다. 마치 폐기 처분될 날만 기다리는 쓸모없는 고물 오토바이가 된 듯한 기분이 들고, 상처받은 자존심은 스스로를 더욱더 방어적으로 만든다. 조그만 일에도 쉽게 분노하고 잔소리를 늘어놓게 되는데, 그럴수록 세상은 우리를 더 고립시킬 뿐이다. 자신이 세상에서 필요로 하는 존재가 아닌 듯한 무력감, 아무도 곁에 오지 않으려 하는 것 같은 고독감은 나이를 불문하고 누구에게나 괴로운 일이다. 그것은 스위스의 심리학자 빈스방거가 말한 '벌거벗은 존재', '아무것도 아닌 존재' 혹은 '벌거벗은 공포'로서 차가운 지옥보다 더한 고통을 준다.

이러한 존재론적 외로움의 고통은 나이가 들수록 우리의 눈앞에 또렷이 펼쳐진다. 우리는 그제야 자신이 무엇을 잃어버렸는지 깨닫게 된다. 전에는 옆에 있는 것이 당연하고 때론 귀찮기도 했던 사람, 그 사람이 곁에 있다는 것이 실은 얼마나 감사하고 소중한 일이었는지 말이다. 왜 옆에 있을 때 '고맙습니다', '사랑합니다'라고 말하지 못했을까. 후회는 회한이 되고, 그리움이 되고, 또 미안함이 되어 눈물로 흘러내린다.

누군가 나를 걱정해주고 기다려준다는 사실 하나만으로도 우리는 살아갈 이유를 얻는다. 그것이 바로 멀리 있지 않은 행복 그 자체다. 그래서 비록 병들고 수발이 필요한 배우자라 할지언정 나를 필요로 하고 기다려준다는 사실만으로도 감사하다는 것을 깨닫게 되는 것이다.

영화 〈그대를 사랑합니다〉는 이런 노인들의 삶과 사랑을 다루고 있다. 이 영화의 주인공으로는 네 명의 노인이 등장한다. 고집 센 독설가인 우유 배달부 김만석과 이름도 없이 살아온 송이뿐, 그리고 주차관리원 장군봉과 치매 걸린 그의 부인이다. 이 영화에서 네 명의 노인 외에 조연들의 역할은 극히 미미하다.

"늙은 후에도 사랑이 올까?"

"이미 산전수전 다 겪고 사랑의 허망함을 일찍부터 경험했는데 사랑은 무슨 사랑……. 주책맞게."

많은 노인이 이런 생각을 하면서 노년기를 생의 끝자락에 붙어있는 덤 정도로 여긴다. 그때쯤에는 사랑이라는 감정도 젊은이들의 특권일 뿐 노인의 몫이 남아있을 리 없다고 포기해 버리기 쉽다.

그러나 주책이든 아니든 사랑은 언제 어디서든 누구에게나 닥쳐올 수 있다. 어느 눈 오는 날 새벽, 우유 배달하는 김만석 할아버지와 폐지 줍는 송이뿐 할머니가 미끄러운 골목 비탈길에서 마주친다. 그리고 이제는 모든 열정이 꺼져 푸석거리는 재만 남았다고 생각했던 두 노인의 가슴에는 다시금 사랑의 감정이 조심스레 싹트기 시작한다. 사랑에 빠진 두 노인의 모습은 나이가 무색하게도 영락없이 사랑에 빠진 사춘기 소년 소녀의 모습 그대로다. 글을 읽을 줄 모르는 할머니를 위해 할아버지는 그림 편지를 그려 보낸다. 무뚝뚝해 보이는 그의 마음에 숨겨져 있던 부드럽고 따뜻한 감정, 그리고 상대에 대한 깊은 배려는 유쾌한 웃음과 버무려져 관객들에게 이슬 맺힌 미소를 띄우게 한다.

이야기의 다른 한 축에서는 치매에 걸린 부인을 돌보며 살고 있는 주차관리원 장군봉 할아버지의 사연이 그려진다. 부인은 치매 때문에 남편도 알아보지 못하지만 할아버지에게 부인에 대한 사랑은 그가 살아야 할 이유가 된다. 사라진 부인을 찾으려고 심상이 터질 듯 뛰어다니는 노인의 걸음마다 길고 험난했던 오랜 세월을 함께한 부인에 대한 넘치는 고마움과 걱정이 물씬 배어있다. 아무리 잘해도 부인이 준 사랑을 다 갚지 못할 것으로 여기며 살아가고 있는 할아버지는 부인이 없다면 이 구차한 삶을 굳이 연장해나갈 필요가 없다고 느낀다. 그리고 결국 말기 암 진단을 받은 부인과 마지막 저승길마저 길동무가 되어주기로 한다.

늙는다는 것은 죽음이 멀지 않았다는 것을 의미하기도 한다. 뒤늦게 서로의 외로움을 채워줄 사람을 만났지만 더 이상 헤어짐을 감당할 자신이 없는 할머니는 홀로 고향으로 내려가고, 이를 바래다주는 노인은 마지막 이별을 묵묵히 감내해내기로 한다. 그러나 이들은 이제 외롭지도, 허무하지도 않다. 주변을 둘러보면 서로를 생각해 주던 따뜻한 손길의 흔적이 남아있기 때문이다. 그렇게 사랑하는 사람의 추억을 안고, 그들은 짧고도 길었던 생을 마감한다.

사실 외로움이라는 주제는 인류 최초의 역사에서부터 기록되어 온 것이다.

'여호와 하나님께서 말씀하시기를 아담이 홀로 있는 것이 좋지 않으니, 내가 그를 돕는 배필을 만들 것이다.(창2:18)'《실낙원》의 저자 존 밀턴은 이에 대해 "외로움은 신이 좋지 않은 것으로 명명한 최초의 것이다"라고 말하기도 했다. 아담이 외롭지 않도록 갈비뼈로 이브를 만들어주었으나, 둘이 되었다고 해서 아담과 이브가 외롭지 않은 것은 아니다. 인간은 근본적으로 외로운 존재이기 때문이다. 그러나 각자가 그토록 외로운 존재이기에 서로에게 기대어 인간(人間)으로 살아가는 것이다. 결국 인간이란 부대끼고, 울고 웃으며, 또 서로의 외로움을 달래주고 온기를 나누면서 살아가도록 설계된 존재라고 할 수 있겠다.

런던대학의 포스비드 박사는 인간을 행복하게 하는 것은 '우정'과 '행복한 인간관계'라는 연구조사 결과를 발표했다. 이에 따르면 우리는 남들보다 더 성공하거나 많이 가졌을 때 행복한 것이 아니라, 주변에 사랑하는 사람들이 많을 때 더욱 행복해지는 것이다. 그 때문에 노년을 준비할 때 경제적 안정과 신체적 건강 외에도 좋은 이들과의 인연을 가꾸고 이어가는 것이 매우 중요하다.

영화 〈그대를 사랑합니다〉는 노인들만의 영화가 아니다. 언젠가 반드시 늙음을 맞이할 우리를 위한 영화이기도 하다. 영화 속 네 명의 노인들은 우리를 향해 안타까운 듯이 조언한다.

"지금이라도 늦지 않았으니 당신 곁에 있는 사람에게 감사하고 그 사람의 말에 귀를 기울이세요. 결국 우리 삶의 마지막 시간을 함께 나누며 인생에 의미를 불어넣어 줄 사람은 지금 당신 옆에 있는 바로 그 사람입니다. 이제 손을 잡고 나지막이 속삭여보세요. '그대를 사랑합니다'라고……."

그렇다면 노인은
무엇을 할 수 있는가

- 〈노인을 위한 나라는 없다No Country For Old Men〉,
에단 코엔, 조엘 코엔, 2007.

나이가 들어 점점 할 수 있는 일이 없어지고, 세상 돌아가는 이치를 따라잡기 어려워 점차 변두리로 밀려나며, 취할 수도 버릴 수도 없는 과거의 잔재로서 젊은이들에게 짐이 된 듯한 미안함을 짊어지고 살아야 하는 노인들에게 이 세상은 더 이상 그들의 것이 아니다. 많은 노인이 나이가 들수록 심해지는 무력감과 패배감에 빠져 일생의 중요한 마지막 순간들을 흘려보내기도 한다.

영화 〈노인을 위한 나라는 없다〉는 점점 더 이기적이고 차갑게 변해가는 현대사회를 살아내야 하는 노인들의 상황을 상징적으로 그려내고 있다. 세상은 점점 더 강해진 돈과 힘의 논리에 의해 지배되고 이유 없는 폭력과 분노로 걷잡을 수 없이 혼란스러워지고 있다. 이 영화는 늙은 보안관 에드가 그 세상의 뒤꽁무니를 쫓으며 힘없는 노인의 마지막 기운을 다해 그러한 파괴를 막아보고자 분투하는 모습을 그린다.

영화는 25년 전 아무 이유 없이 사람을 죽인 소년을 잡아 전기의자에 앉혔던 일을 회상하는 에드의 내레이션으로 시작한다. 그이후 평생 보안관 일을 하며 살아온 그는 25년이 지난 지금 또 다른악마를 만나게 된다. 바로 남들이 이해하기 어려운 자신만의 원칙에 따라 아무렇지 않게 사람을 죽이는 냉혈한 살인 청부업자인 안톤 시거다.

25년 전의 에드는 젊었으며 힘이 있었고, 당시 만났던 살인범은 소년이고 무모했다. 에드는 어렵지 않게 그를 단죄하고 세상을 보호할 수 있었다. 하지만 그때로부터 25년이 지난 지금은 모든것이 달라졌다. 에드는 이제 늙고 힘이 없는데, 살인범은 더 치밀하고 잔혹한, 신적인 존재가 되어 나타났다. 이미 그가 젊었을 때 알던 세상과는 모든 게 달라진 지금, 늙은 에드가 상대하기에는 역부족인 상대인 것이다.

영화에 등장하는 또 다른 주인공은 살인 청부업자인 안톤 시거가 쫓고 있는 용접공 르웰린 모스다. 그는 많은 이가 그렇듯 돈이라는 욕망의 집합체에 사로잡힌 젊은이다. 우연히 사막에서 갱들의싸움의 잔해와 함께 2백만 달러를 발견한 모스는 그 돈을 집어 드는 순간 돈에 자신의 운명을 내맡긴다. 처음에는 자신의 삶을 위해지키고자 했던 돈은 갈수록 자신의 목숨을 걸어서까지 지켜야 할대상으로 바뀐다. 죽고 나면 더 큰 금액이라 해도 아무 소용이 없는 종이 조각에 불과한데도 말이다. 결국 그는 그 돈에 가족의 안전마저 팔아넘기고 만다.

이 영화는 이렇게 돈의 논리에 지배당해 모든 인간성과 인간관계조차 파괴당하는 현대사회를 2백만 달러가 든 가방을 둘러싼 추격전으로 묘사하고 있다. 그러나 안톤 시거에게 쫓기던 모스는 결국 예상했던 일전은 펼치지 못한 채 누구의 승리도 아닌 뜻밖의 결말을 맞이하게 되고, 에드 역시 결국 시거를 잡지 못한 채로 은퇴하고 만다. 노인이 된 에드가 25년 전처럼 멋지게 살인범을 단죄하는 반전은 없었다. 추격전을 동반한 스릴러 영화치고는 맥 빠지는 결말일지도 모르겠다.

결국 노인들을 위한 나라는 없는 것일까? 은퇴 후 두 가지 꿈을 꿨다는 에드의 이야기로 끝나며 관객을 어리둥절하게 만드는 이 영화의 결말은 '인생은 끝까지 흘러가는 것일 뿐 끝이란 없다'는 사실을 교묘하게 표현하고 있다.

에드가 꾼 두 가지 꿈 중의 하나는 아버지가 준 큰돈을 잃어버리는 꿈이고, 다른 하나는 자신보다 젊은 아버지가 춥고 어두운 길을 먼저 가서 저 앞에서 불을 지피고 있는 꿈이다. 그리고 어찌 보면 무력한 이 꿈을 꾸는 것이 즐거웠다는 에드의 내레이션을 통해 영화는 노인들이 해야 할 일이 무엇인지 시사해준다.

에드가 끝내 잡지 못한 살인마 안톤 시거는 모스의 아내를 살해하고 나오는 길에 차 사고로 크게 다치는데, 그를 도와주는 것은 평범하고 착한 소년들이다. 세상이 이유 없는 살인에 집착하는 안톤 시거 같은 악으로만 가득 차있는 것이 아니라 선한 부분의 법칙도 살아있음을 암시하는 부분이다. 그리고 이 선한 문화를 지키고 살아내며 후대에게 전해주는 것이 바로 에드 같은 노인들의 역할이지 않을까.

다들 나이 들어 할 일이 없어지는 것을 두려워한다. 할 일이 없어지는 것이 아니라 변하는 것일 뿐이다. 마흔이 넘어 중년에 들어서면 젊은 세대의 새로운 지식과 힘에 밀리게 된다. 그러나 새로운 지식과 능력으로 무장한 젊은 세대는 사회 경험이 없는 초보자들이기도 하다. 이때 기성세대는 그들의 멘토 역할을 할 수 있다. 은퇴하여 일선에서 물러난 노인들에게도 아주 중요한 역할이 있다. 바로 젊은이들이 활동하고 즐길 수 있는 문화를 만드는 일이다.

자신들이 살아온 세월과 세상을 바탕으로 무엇이 중요한지 아는 것은 노인들에게만 주어진 특별한 경험이자 선물이다. 노인들은 자신의 삶을 통해 또 새로운 세대를 위한 문화를 만들어낼 수 있다. 마치 에드의 꿈에서 아버지가 추운 어둠 속에 불을 피우고 아들을 기다리듯이 말이다. 노인들을 위한 나라는 없을지 몰라도, 노인들은 이 세상의 흐름을 잇고 방향을 제시해주는 중요한 일부분이다. 그러니 그 세상의 일부가 되기를 포기하지 않는 것, 그것이 바로 노년기의 삶을 여전히 풍요롭고 의미 있게 만드는 마음가짐일 것이다.

늙음이 지닌
잠재적 가능성에 대하여

-〈레드Red〉,
로베르트 슈벤트케, 2010.

모든 인간은 늙으며, 늙으면 약해진다. 이를 두고 우리는 노쇠老衰한다고 말한다. 말 그대로 늙어서 쇠약해진다는 말이다. 노쇠하면 오래된 자동차가 덜덜거리듯 몸 여기저기가 탈이 나고 이전만큼 힘을 쓰지 못하게 된다. 거기에 시대 흐름을 따라가지 못해 과거 기억만 붙잡은 채 불평불만을 껌처럼 씹는 부담스러운 존재. 어쩌면 이것이 우리가 생각하는 노인의 모습일지도 모르겠다. 혹자는 이러한 현상을 강하게 부인하여 세월의 덧없음을 이겨보려고 한다.

젊음은 나이가 아니라 마음이다.

장밋빛 두 뺨, 앵두 같은 입술,

탄력 있는 두 다리가 곧 젊음은 아니다.

강인한 의지, 풍부한 상상력, 시들지 않는 열정이 곧 젊음이다.

영국의 시인 사무엘 울만은 그의 시 〈청춘〉에서 위와 같이 노래하며 늙음이란 몸이 아니라 마음의 문제라고 말하기도 한다. 그러나 나이가 들면 모든 것이 예전 같지 않다는 걸 몸으로 느끼게 되는 것도 사실이다. 문제는 이렇게 무기력한 노인으로 지내야 하는 시간이 점점 더 늘어난다는 데 있다. 의학의 발달과 건강에 대한 관심은 인간의 평균수명을 연장했지만, 한편으로는 젊음이 아닌 우리의 노년기를 늘리는 결과였다. 어찌 보면 사회의 고령화에 한몫하는 짐 같은 존재로 오랜 세월을 살아야 하는 것이 아닌지 우려되기도 한다.

신체의 노화는 과거에 아무리 한 시절을 풍미했던 전설적인 인물이라도 예외일 수 없다. 영화 〈레드〉에서 브루스 윌리스가 연기한 프랭크 모시스는 한때 미국 CIA의 레전드로 불리던 유능한 요원이었지만 은퇴 후에는 하릴없이 연금 상담 센터에 전화를 걸어 상담원 여성과 대화하는 걸 낙으로 삼고 지내는 인물이다. 그런데 평화롭고도 무료하던 그의 일상에 어느 날 괴한이 침입하여 그를 죽이려 하는 기상천외한 사건이 벌어진다. 그러나 아무리 은퇴한 늙은이라 해도 직업을 그만두었을 뿐 그가 가진 능력까지 사라지는 것은 아니다. 그는 과거의 감각을 되살려 기관총으로 무장한 대여섯 명의 젊은 킬러들을 솜씨 좋게 해치워 버린다.

모시스는 자신을 죽이려 했던 이들이 과거 소속되어 있던

CIA라는 사실을 알게 되고, 과거의 동료들을 찾아가 다시 팀을 규합하여 CIA에 대항하기로 한다. 과거 CIA 최고의 두뇌였으나 지금은 양로원에서 무료한 시간을 보내고 있던 조, 피해망상에 사로잡혀 사는 약간 맛이 간 마빈, 킬러계의 대모인 빅토리아가 그렇게 한 팀으로 모여 CIA라는 거대한 조직과 맞서 음모를 파헤치기 시작한다.

영화 〈레드〉는 단지 은퇴하여 사회의 중심에서 밀려난 노쇠한 늙은이들이 양지바른 곳에 모여앉아 화려했던 젊은 날의 무용담을 늘어놓으며 현재의 무력감을 달래는 식으로 노인의 삶을 풀어놓지 않는다. 나이를 먹어도 여전히 우리가 가진 능력이 충분하며, 그것들을 인생의 끝자락까지 훌륭하게 활용할 수 있다는 것을 보여주면서 늙음의 의미를 재해석하고 있다. 그들에겐 나이 들어 세상을 살아본 사람들이 가질 수 있는 인생에 대한 여유와 유머, 그리고 과거의 경험에서 우러나온 지혜가 있다.

물론 나이가 들면 뼈와 근육이 약해져서 힘으로는 젊은 사람을 이기기 어렵다. 하지만 오랜 세월 동안 축적해온 경험은 다른 방면으로 그 진가를 발휘한다. 상대의 행동을 예측하고 단 한 번의 일격으로 급소를 공격해 제압하는 이 영화의 액션 장면은 긴장감과 박력이 넘치기보다 약간은 느리고 웃기다.

더 이상 새로울 것 없이 세상에 대해 알 것은 다 알았다고 여길 법한 노인들이지만 이들은 CIA를 상대하며 또 새로운 것들을 배워간다. 젊음을 다 바친 조직에서 단지 비밀을 알고 있다는 이유로 날 죽이려 할 수도 있다는 것을, 인생을 조금 더 살다 보니 한 가지

명령이나 이념만을 위해 전투적으로 행해온 일들이 다 허망했음을, 또 서로 다른 이념을 가진 적에게도 사랑이 싹틀 수 있음을, 그리고 우리가 가지고 있는 힘은 스스로 생각하는 그 이상이라는 것을. 무엇보다 인간은 우리가 원하는 한, 결코 멈추지 않고 끊임없이 성장하는 존재라는 것을 말이다.

〈레드〉는 인생이라는 길고도 짧은 여정에서 늙는다는 것은 새롭게 시작되는 여행의 완결 편이니 결코 주어진 가능성들을 놓치지 말라는 메시지를 전한다. 멋지게 늙은 배우들과 우당탕탕 웃음이 섞인 순간들을 통해서 말이다.

우리의 존재에
의미를 부여해 주는 것

- 〈세상에서 가장 빠른 인디언The World's Fastest Indian〉,
로저 도널드슨, 2005.

자신의 꿈을 실현하기에 가장 좋은 나이는 언제일까? 열심히 공부하고 실전 경험을 쌓고 난 40대? 아니면 좀 더 숙련되어 세상을 보는 눈도 넓어지는 50대? 완숙미와 노련미가 합쳐지고 세상과 인생에 대한 지혜가 쌓이는 60대?

"에이, 이 나이에 뭘……. 주책이란 소리나 듣지."

노인들은 나이를 탓하며 일찌감치 꿈꾸기를 포기하기 일쑤다. 늙어서 할 수 없는 일의 목록을 잔뜩 만들어놓고 스스로를 그 울타리에 가두어버리기도 한다. 자신의 욕구와 꿈을 접고, 과거 기억에 대한 회상으로 시간을 보내면서 여태 쌓아온 몸과 마음의 추억을 한 겹씩 뜯어내며, 말 그대로 여생을 보내고자 하는 경우가 많다. 세상으로부터 소외된 존재가 되는 게 어쩌면 당연하다는 듯이.

물론 나이 들어서는 새로운 시도와 그에 따른 위험을 감수하기보다 현상을 유지하며 사는 게 도리어 지혜로 느껴질 수도 있다. 그러나 이러한 편견은 아랑곳하지 않고 죽음이 닥치는 바로 그 순간까지도 자신의 꿈을 이루고자 나아간, 그리고 마침내 꿈을 이루어내 살아가는 모든 순간이 동등하게 값지다는 것을 증명한 이가 있었으니 바로 〈세상에서 가장 빠른 인디언〉에 등장하는 속도광 할아버지 버트 먼로다.

이 영화는 최고 속력이 56마일인 1920년산 구형 오토바이로 200마일 이상의 속력을 내서 달리는 것이 꿈인 70세 가까운 노인 버트 먼로의 이야기를 담고 있다. 물론 '세상에서 가장 빠른 인디언'은 그의 구형 오토바이의 이름이다.

페인트로 '속도는 신의 선물'이라고 써놓은 그의 창고에는 여기저기서 주워 모은 자동차 부품과 쇳조각들이 가득하다. 이미 단종되어 고물상에 있는 게 더 어울릴 법한 구형 오토바이가 속도를 내게 하기 위해서 25년 넘게 밤낮 쉬지 않고 오토바이를 개조하고 있는 덕분이다. 그는 자신을 잘 따르는 옆집 꼬마에게 삶에 숨겨진 비밀을 털어놓듯 조용히 말해준다.

"때론 평생보다 꿈을 이루는 5분이 더 소중할 때도 있단다."

그런데 어느 날 협심증으로 쓰러져 자신에게 시간이 얼마 남지 않았다는 걸 깨달은 먼로는 멈추기는커녕 오히려 자신의 꿈을 이루기 위한 행보를 재촉한다. 옆집 꼬마가 걱정스럽고 의아한 얼굴로 그를 쳐다보지만, 먼로는 자신이 평생 품어온 신념을 나직이

전해줄 뿐이다.

"너의 꿈을 따르지 않는다면 너는 식물이나 다름없어."

"가고 싶을 때 가지 않으면, 가려고 할 때는 갈 수가 없단다."

결국 그는 간신히 여비를 마련하여 지구를 반 바퀴 돌아 미국 보너빌로 향하기로 한다. 이 험난하고 먼 여정에서 자동차에 대한 그의 해박한 지식은 사람들의 호감과 신뢰를 사고 그의 생존을 뒷받침해 주는 중요한 수단이 된다. 단순히 속도에 미쳐 살아온 것처럼 보이지만 그가 쌓아온 경험은 그를 자동차에 관한 한 누구도 따라올 수 없는 전문가로 만들어준 것이다. 마침내 열정 하나로 지구의 반을 돌아 보너빌에 도착한 먼로에게 사람들은 감탄하며 그가 경주에 나갈 수 있도록 조금씩 도움을 주기 시작한다.

그리하여 마침내 경주! 먼로는 69세의 나이에 비로소 그의 꿈을 이룬다. 1967년산 오토바이 1,000cc 이하급에서 그가 세운 201.85마일(약 324km)이라는 기록은 현재까지도 깨지지 않는 신화로 남아있다.

버트 먼로의 일대기를 그린 영화 〈세상에서 가장 빠른 인디언〉은 우리의 삶에서 꿈이란 무엇인지, 또 꿈을 꿀 수 있는 건 과연 언제까지인지에 대한 질문을 던진다.

"땅을 밟고 설 수 있으면 그날이 좋은 날이란다."

옆집 꼬마에게 꿈꾸는 삶의 행복에 대해 말하는 먼로는 나이와 상관없이 꿈꾸고 있는 매 순간이 생생해 보인다. 더불어 '우리 모두 리얼리스트가 되자. 그러나 가슴에는 불가능한 꿈을 꾸자'라는 체 게바라의 외침을 다시금 상기시켜주는 듯하다.

불가능한 꿈이란 없으며, 꿈을 이루는 나이에도 한계는 없다는 것을 몸소 보여주는 먼로. 이는 그가 아무리 늙더라도 꿈을 포기하지 않았기에 가능했던 일이며, 착실한 리얼리스트로서 꿈을 이루기 위한 과정을 하나씩 준비해왔기에 이룰 수 있는 결과였을 것이다. 또한 그가 삶에 대해 긍정적이고 낙천적인 태도를 견지해온 것은 그가 언제라도 인생 최고의 순간을 맞이할 준비가 되어있다는 신호였으리라.

꿈을 꾸고 그것을 이루기 위한 행동을 병행하는 것은 사실 젊은 사람들에게도 쉽지 않은 일이다. 작은 실패에 부딪쳐도 금방 체념하고 포기하는 경험에 오히려 익숙해져 있기 때문이다. 이제 이룰 수 없는 것처럼 보이는 꿈을 꾸는 것은 낭만보다는 허황된 망상처럼 여겨지기도 한다. 하지만 마침내 그 꿈에 도달하는 순간은 무엇과도 맞바꿀 수 없는 희열을 가져다준다. 꿈을 이루는 5분을 위해 평생을 살아왔다 해도 아깝지 않은 기분, 그 기쁨을 누릴 기회를 삶은 공평하게 부여한다. 나이와 상관없이, 하고자 하는 자에게 기회가 있는 것이다.

그런 의미에서 버트 먼로는 노년기가 젊음을 잃어버린 채 과거의 어느 시점에 머물러 회상만을 반복하는 수동적인 시기에 그치지 않는다는 걸 증명한다. 노년기 역시 우리 인생에서, 또 우리 인류 전체의 역사에서 매우 중요한 위치를 차지하고 있다. 정리와 통합을 통한 전달, 그리고 새로운 창조의 시작을 여는 열쇠가 되어주기 때문이다. 인간은 죽을 때까지 성장하고 발달하기에, 우리가 여전히 꿈꾸고 있다면 나이는 정말 숫자에 불과하다.

시인 롱펠로는 80세 때 대학 50주년 기념 강연에서 〈Morituri Salutamus〉라는 시를 읊었다.

카토는 80세에 그리스어를 배웠다.
소포클레스는 오이디푸스 대왕을 쓰고,
시모니데스는 동료들로부터 시에 관한 상을 받았다.
80세가 넘은 바로 그 나이에……
초서는 우드스톡에서 나이팅게일의 소리를 들으며
60세에 켄터베리 이야기를 썼다.
괴테는 바이마르에서 마지막까지 씨름하며
80세가 지나서 파우스트를 완성했다.

우리가 살아있는 한, 꿈은 우리의 존재에 의미를 부여해 준다. 마지막 가장 밝은 빛을 뿜어내는 바로 그 순간까지 말이다.

시간이 모여
황금빛 호수를 이룬 곳에서

- 〈황금 연못On Golden Pond〉,
마크 라이델, 1981.

나이 든다는 것, 아니 늙는다는 것은 피할 수 없는 공포다.
노쇠한 몸은 움직임이 둔해지며 여기저기 아프기 일쑤고, 정신마저
깜빡깜빡해서 쉽게 무엇을 잊거나 혹은 잃어버린다. 살면서 쌓아
온 지식은 모두 낡은 것이 되어 이제 아무도 노인에게 지혜를 묻지
않게 되고, 세상은 젊음과 새로운 것에 대한 찬가로만 가득 차있다.
노인을 거추장스럽고 부담스러운 짐으로 취급하며 주류의 세계로
부터 밀어내는 걸 느낀다면, 늙는다는 것은 자연히 공포이자 저주
일 수밖에 없을 것이다.

영화 〈황금 연못〉은 은퇴한 한 노교수 부부를 통해 '늙어간
다는 것'에 대한 이야기를 잔잔한 호수 위의 물감처럼 풀어놓는다.
지독한 독설과 고집으로 똘똘 뭉친 노먼 타이어는 나이 들어 교수

직을 은퇴하고 아내 에텔과 함께 젊은 시절에 살던 호숫가의 집으로 돌아온다. 그는 자신이 늙었다는 사실을 좀처럼 받아들이려 하지 않는 완고한 고집불통이지만, 언제나 밝고 긍정적이며 세상에 대한 호기심을 잃지 않는 아내 에텔에게는 자상한 남편으로 서로 의지하며 평온한 일상을 보낸다.

그러던 어느 날, 딸 첼시가 유럽 여행을 가기 전에 남자친구 빌의 아들 빌리를 맡기기 위해 이 호숫가의 집에 방문한다. 아버지의 성격을 고스란히 닮은 첼시와 노먼은 허구한 날 부딪치고 다투느라 서로 마음의 문을 닫고 있었던 부녀 사이기에, 노먼은 당연히 아이를 맡긴다는 말에 어이없어 한다. 하지만 이들은 함께 머무는 동안 서서히 서로가 주고받았던 상처를 이해하고 화해하며, 고집불통 노인인 노먼 타이어는 차츰 자기 자신을 받아들이기 시작한다.

이 과정에서 중요한 역할을 하는 인물이 바로 첼시의 남자친구가 전처 사이에서 낳은 아들인 빌리다. 딸이 시골집에 불쑥 남기고 간 한 낯선 소년. 노먼과 에텔은 빌리에게 세상이 얼마나 살 만한 곳인지 가르쳐 주면서 스스로도 잊고 있던 새로운 감정들이 싹튼다. 처음에는 이곳에 있기 싫다며 투정 부리던 소년도 고집 센 할아버지의 이면에 담긴 따뜻함을 발견하고 그를 사랑하며 존경하게 된다. 어린 소년이 세상을 바라보고 살아나가는 모습을 지켜보며 이 완고한 노인은 자신의 유한성과 노쇠함을 받아들이기 시작한다. 그리고 그들의 집 앞 호수는 그 모든 변화와 시간이 얼마나 값진지 모두 지켜봤다는 듯이 황금빛으로 반짝거리며 빛난다.

늙는다는 것은 분명 두렵다. 늙음이 많은 상실과 고독을 내포한다고 여기기 때문일 것이다. 그러나 나이 든다는 것은 내가 지닌 것을 잃어버린다는 뜻이 아니다. 오히려 내 안에 차곡차곡 쌓아 간직하는 일이며, 그것이 바로 연륜이다. 연륜은 젊은 사람들이 배우고 활동할 수 있는 문화적 토대를 만들어준다. 그러나 문제는 늙어가는 것을 '모든 의미 있는 활동을 멈추고 젊은이들에게 짐만 되는 것'처럼 묘사하는 사회적 시각을 노인들 스스로 받아들여 일찌감치 자신의 역할이나 능력을 포기해 버리는 데 있다. 노쇠한다는 건 분명 몸이 약해지고 시간이 얼마 남지 않았다는 것을 뜻하지만, 동시에 살아온 시간만큼의 많은 경험과 지혜를 우리 몸과 마음속에 담고 있다는 뜻을 의미하기도 한다. 플라톤은 '늙음에 만족할 때 늙음을 지탱할 수 있지만, 그 반대라면 늙음 자체가 참을 수 없는 고통이 된다. 이것은 젊음에도 해당된다'라고 말했다.

인생은 결코 어느 시점에서 임의로 끝나버리는 사건이 아니다. 오히려 죽을 때까지 발전하고 성숙하며, 심지어 대를 이어 다음 대로까지 이어지는 영속적인 사건에 가깝다. 노인이 된다고 해서 지능이 떨어지는 것도 아니며, 오히려 적당한 영양 공급과 활동이 유지되면 우리의 지능은 80세까지 더 증가한다고 한다. 오히려 나이 들어서 더 창조적이고 생산적인 활동을 할 수도 있다는 뜻이다. 물론 우리가 희망을 지니고 여전히 그렇게 되고자 하는 의지를 갖는다면 말이다.

영화 〈황금 연못〉의 두 노인은 늙어가는 것에 대해 각기 다른 태도를 보인다. 남편인 노먼은 자신이 늙어 뒤로 물러날 때가 됐다는 사실을 받아들이지 못하고 분노한다. 끊임없이 다른 사람의 단점을 물고 늘어지며 상처를 주고 부딪침으로써 자신이 아직 건재하다는 사실을 확인하려고 한다.

반면 아내 에텔은 나이 듦의 여유로움과 깊어진 이해의 과정을 즐긴다. 그녀는 여전히 세상에 대해 궁금증을 가지고 사물을 긍정적으로 바라보며, 매순간마다 기쁨을 누리려고 노력한다. 이 둘의 태도는 보는 이들에게 우리가 어떻게 나이들고 살아가야 할지를 간접적으로 알려준다. 늙는다는 건 실패나 패배가 아니라 인생의 한 과정일 뿐이며, 그동안 살아온 시간과 경험이 마침내 사람을 원숙하고 아름답게 만들어준다는 것을 말이다.

그리고 에텔은 아직도 아버지에 대한 애증으로 갈등하는 딸 첼시에게 조언한다. 이제 아버지에게는 화해할 시간이 얼마 남지 않았으니, 과거의 무거운 짐을 내려놓고 현재에서 행복하게 살라고 말이다. 이처럼 세상에 대한 애정을 잃지 않는 것, 자신이 잃어버린 것보다 현재 가진 것을 찾아내어 나누는 것, 나 이외의 다른 사람에게 관심을 가지며 이 세상을 향해 시선을 돌리는 것, 그러한 태도가 죽음에의 공포를 이기고 노년의 삶을 좀 더 풍부하고 의미 있게 만드는 방법일 것이다.

우리가 삶을 지루해하거나 따분해하지 않는다면, 주변에 돌봐야 할 사람이나 일이 있다면, 또 피할 수 없는 상실을 감수할 만큼 개방적이고 융통성 있으며 성숙하다면 늙는다는 것은 그리 어렵거나 두려운 일이 아니다. 노년을 향한 행진은 유아 시절부터 이미 시작되었으며, 그동안 겪어온 수많은 상실과 이별은 인생 최후의 상실을 맞이하기 위해 우리를 충분히 준비시켜 주었다. 세월이 내가 사랑해온 많은 것을 벗겨내어 가버린 후에도 행복한 노년을 보내기 위해서는 소위 말하는 '자기를 초월할 수 있는 능력'이 필요하다. 자기 초월이란 거창한 종교적 수련을 말하는 것이 아니다. 나 이외의 남에게도 관심을 가지며, 세상을 향해 시선을 돌릴 줄 아는 것을 뜻한다.

이것은 다른 사람들의 기쁨에서 나의 기쁨을 느낄 수 있는 능력이며, 우리 자신이 흥미롭게 여겨왔던 것 이외의 일들에도 관심을 가질 수 있는 능력이고, 비록 우리가 직접 머물 수 없을지라도 내일의 세계를 위해 우리 자신을 투자할 수 있는 능력이다.

자기를 초월하여 자신이 유한한 존재라는 것을 인식할 때, 즉 내가 머지않아 죽을 수도 있다는 것을 알게 될 때, 우리는 밀려오는 허무주의를 극복하고 내 인생에 의미를 부여할 수 있게 된다. 이는 내가 죽어도 다음 세대를 통해서 생명은 연속되며, 세상은 존속된다는 것에 대한 믿음을 근거로 한다. 즉 우리는 우리의 과거와 현재의 경험을 통합하여 미래를 기대할 수 있게 되는 것이다.

미래에 대한 이러한 믿음이 있다면 우리는 다음 세대에 남겨줄 유산을 통해 개인의 한계를 뛰어넘고, 뒤이어 오는 사람들이나 철학을 통해 자신과 미래를 연결시킬 수 있게 된다. 많은 인간이 그토록 염원했던 영원한 삶을 상징적으로 완성할 수 있게 되는 셈이다. 할아버지 할머니로서, 스승으로서, 조언자로서, 사회 개혁가로서, 예술품 수집가로서 혹은 예술을 창조하는 사람으로서 우리는 우리가 떠난 후에 거기에 남을 사람들과 닿을 수 있다. 그것이 지적인 것이든 영적이거나 물질적인 것이든 혹은 신체적인 것이든, 이처럼 우리의 흔적을 남기고자 하는 각종 노력들은 우리 자신을 상실한다는 두려움을 건설적으로 처리하는 하나의 좋은 방법이 된다.

우리는 왜 죽음을 인식한 채
살아가야 하는가

- 〈버킷리스트The Bucket List〉,
로브 라이너, 2007.

인간은 누구나 죽는다. 우리는 모두 그 사실을 안다. 자신이 언젠가는 죽는다는 것을 알기에 인간은 항상 은연 중에 죽음과 허무에 대한 공포와 싸우면서 살아가는 존재다. 달리 말해 죽음에 대한 인식은 인간을 다른 동물들과 다른 존재로 만든다.

그러나 죽음에 대해 이성적이고 철학적인 관점을 들이대는 건 남의 죽음을 바라볼 때에나 가능한 것이다. 내가 그 당사자가 되었을 때 죽음은 사고의 대상이 아니라 무시무시하고 엄청난 현실이 되어버린다. 그 시점에서는 죽음을 그 자체로 논할 수 있는 적당한 거리감이 상실되고, 내게 닥친 죽음의 고통과 공포와 슬픔 속을 허우적거릴 수밖에 없다. 죽음의 신이 멀찍이 있을 때는 그 모습을 논하며 그를 피하거나 달랠 방법을 이리저리 궁리할 수 있다 한들, 막상 죽음의 신에게 손목이 잡혔을 때는 그 손을 뿌리치기 위해 발버둥 치고 애원하는 것 외에는 할 수 있는 일이 없는 것이다. 타인의 죽음 앞에서는 객관성을 유지하고 심지어 가치 판단마저 할 수 있지만, 죽음이 내게 닥쳤을 때는 내 인생의 일부로 겪어내는 것 외에는 다른 선택지가 없다. 그럼에도 죽음은 언젠가 기필코 우리에게 닥쳐올 것이다. 죽음의 골짜기로 향하는 이 두려운 여정의 끝을 우리는 어떻게 마무리 지어야 할까?

영화 〈버킷리스트〉는 죽음을 목전에 둔 두 노인이 남은 시간을 보내는 방법에 대한 이야기다. 그것은 남은 삶을 위해 그들 스스로에게 베푸는 향연이자, 이전에 지나치거나 놓쳐버린 것들을 죽기 전에 되찾고자 하는 절박하지만 유쾌한 시도이기도 하다.

병원을 16개나 가지고 있는 독선적인 재벌 에드워드 콜과, 철학 교수가 꿈이었지만 지금은 평범한 자동차 정비공으로 살고 있는 카터 챔버스는 똑같이 암 진단을 받고 같은 병실에 입원한다. 재벌과 소시민이 죽음 앞에서 동등한 조건으로 서로를 만나게 되는 셈이다. 돈과 성공도 죽음 앞에서는 그저 바람에 흩뿌려지는 모래처럼 허망할 뿐이다. 많은 걸 쥐고 살아온 줄 알았으나 아무도 입원한 에드워드를 찾아오지 않고, 그는 자신이 가족과 사랑을 잃어버렸다는 것을 깨닫는다. 한편 카터는 꾸준히 찾아와주는 가족과 친구가 있지만, 자신이 원하는 것을 꿈꾸고 추구하는 열정을 잃어버린 채 살아왔다는 것을 알게 된다.

그렇게 두 노인은 대학 시절 철학 교수가 내준 과제, '죽기

선에 꼭 하고 싶은 것들'을 떠올리고 45년이 지난 이제야 그것을 수행하기 위해 떠나기로 한다. 다른 사람에게 도움이 되는 일 하기, 눈물이 날 때까지 크게 웃기, 세상에서 가장 아름다운 소녀와 키스하기, 장엄한 장면을 보기, 스카이다이빙 하기……. 잃어버리고 살았던 것들을 찾아 돌아다니는 동안 그들은 지금껏 놓쳤던 삶의 열정과 가족을 되찾고, 무엇보다 돌보지 않고 방치했던 자아를 찾는다. 그리고 마침내 웃으면서 행복한 죽음을 맞이할 수 있게 된다.

그들이 죽기 전에 함께 보낸 3개월은 책임과 의무, 일상이라는 속박으로부터 벗어나 진정한 자유로움을 느낄 수 있는 시간이었다. 온전히 자기 자신에게만 집중한 시간이 스스로를 위한 가장 귀한 선물이었던 것이다. 이는 신이 열심히 살아온 그들에게 마지막으로 속삭이며 선사한 보너스 같은 삶이었다.

"이제 살 시간이 얼마 안 남았으니, 다시 세상으로 나가 너희들이 진정으로 하고 싶었던 것들, 그러나 남들이 볼세라 꼭꼭 숨겨놓았던 것들을 마음껏 해보거라."

인생의 끝자락에 경험한 바로 그 보너스 같은 삶을 통해 그들은 현실로 돌아와 진정한 행복을 맛볼 수 있게 된다. 그러고 보면 죽음의 선고는 그들에게 하나의 특별한 선물이었는지도 모른다. 물론 삶의 열정을 찾는 순간 죽음을 맞이한다는 것은 아이러니하고도 슬픈 일이지만 어쩌랴, 우리 인간은 꼭 직접 경험한 뒤에야 깨달음을 얻는 어리석은 존재인 것을.

그러나 앞서 겪은 이들이 배운 값진 경험은 시간과 공간을 뛰어넘어 다음 세대로 전해진다. 덕분에 사람들은 삶의 어떤 지점에서 문득 자신이 잊고 살아온 것들을 상기하고 때론 과감히 뛰어드는 용기도 내어본다. '더 늦기 전에', 지금이 그것을 하기에 가장 이른 순간이라는 것을 깨닫고 말이다.

인간은 모두 언젠가 죽는다. 우리는 그 사실에서 완전히 벗어날 수 없다. 죽음은 삶과 밀접하게 얽혀있기 때문에 죽음을 외면한다는 건 삶의 일부를 닫아버리는 것이나 마찬가지다. 반대로 우리는 언젠가 죽는다는 사실을 알고 있기 때문에 오히려 현재를 더 생생하게 살아가고 그 안에서 진정한 행복을 세심하게 찾아낼 수 있게 된다.

'죽음은 아름다움의 어머니다.' 시인인 스티븐스가 한 말이다. '죽음이 없는 삶은 의미가 없다. 그것은 프레임이 없는 그림과 같다.' 블랙홀의 연구가인 존 휠러의 말이다. 죽음은 모든 것의 끝이기에 이별의 슬픔과 두려움으로 다가오지만, 또한 새로운 시작이자 이어짐이요, 가르침이기도 하다. 죽음이 비로소 삶을 완성시킨다. 우리가 죽음을 잘 맞이하는 방법은 살아가고 있는 현재에서 찾을 수 있다. 현재의 매 순간을 충실하게 느끼며 살아가는 것, 지금 내 주위에 있는 사람들을 아끼고 사랑하는 것, 그리고 나 자신에게 진정 충실해지는 것……. 그로써 우리는 사랑하는 사람의 손을 잡고 편안히 눈감을 수 있지 않을까? '나 참 잘 살아왔지' 하면서.

4. ──◇◇◇◇◇◇◇◇◇◇◇◇◇◇◇◇◇◇◇◇◇◇◇◇◇◇◇◇◇◇◇◇◇

왜 우리는 현실을 살며
환상을 떠올릴까

시간을 되돌린다면
모든 것이 달라질 수 있을까

- 〈더 도어Die Tur〉,
안노 사울, 2009.

과거는 언제나 후회를 남기기 마련이다. '내가 그때 왜 그랬을까?', '다시 그 시절로 돌아갈 수만 있다면⋯⋯', '다시 젊음을 되찾을 수 있다면⋯⋯'. 살다 보면 정말 원하는 과거 시점으로 돌아갈 수 있다면 파우스트처럼 악마에게 영혼이라도 팔 수 있겠다는 심정이 드는 순간들도 있다. 시간을 되돌린다는 상상은 늘 우리에게 매혹적이고, 그만큼 많은 영화의 주제가 되기도 했다. 〈백 투 더 퓨처〉, 〈롤라 런〉, 〈나비효과〉, 그리고 〈페르시아의 왕자: 시간의 모래〉 등도 그러한 상상을 바탕으로 한다.

'과거로 되돌아간다면 과연 모든 것을 리셋하고 다시 시작할 수 있을까?'

영화 〈더 도어〉는 우리에게 이런 무거운 질문을 던지며 '시간의 문'을 연다.

촉망받는 화가였던 다비드는 다른 여자와 바람을 피우는 동안 딸이 물에 빠져 죽는 바람에 아내와 이혼하는 것은 물론, 주변 사람들의 비난과 평생 자신을 짓누를 죄책감 속에서 죽음보다 더한 고통을 느끼며 살아가게 된다. 딸을 잃고 아내와 이혼한 뒤에야 비로소 자신이 얼마나 아내를 사랑했으며 가족이 얼마나 소중했는지 알게 된 다비드. 왜 사람들은 모든 것을 잃고 난 다음에야 그것의 소중함을 알게 되는 것일까. 이미 너무 늦은 후에야……

잃은 것의 가치를 깨달았을 때 사람들은 과거를 돌이키고 싶어 한다. 그리고 과거를 속죄하고 모든 것을 바로잡고 싶다는 다비드의 절실한 소망은 그를 어떤 동굴의 문으로 이끈다. 그것은 바로 과거로 통하는 문이었고, 다비드는 5년 전으로 돌아가 똑같은 상황에서 물에 빠진 딸을 무사히 살려낸다. 그런데 문제는 모든 것이 5년 전으로 돌아간 게 아니라, 현재의 다비드 혼자만 그 시간으로 되돌아갔다는 점이었다. 그 세계에는 여전히 철없고 이기적인 과거의 자신이 살고 있다. 그리고 우연히 마주치게 된 현재와 과거의 다비드……. 결국 그는 5년 전의 자신을 죽이고 만다. 자신의 과오를 되돌리기 위해서는 자신부터 죽여야 한다는 아이러니를 마주하는 셈이다. 이는 다비드 내면에 있던 자기에 대한 미움과 혐오감의 표현일 수도 있을 것이다. 그는 행복과 평화를 찾기 위해서 우선 살인자가 되어야 하며, 따라서 항상 불안 속에서 살 수밖에 없게 된다.

여기서 영화는 관객에게 다시 한번 무거운 질문을 던진다.

'과거로 돌아가면 이전의 잘못을 바로잡고 좀 더 나은 삶을 살 수 있을까?' 그리고 우리는 'NO'라는 단호한 대답을 찾게 된다. 만약 우리가 아무런 기억 없이 5년 전으로 돌아간다면 아마도 똑같은 잘못과 실수를 반복하게 될 것이다. 왜냐하면 그게 바로 '나'이고 그러한 일들이 현재의 '나'를 만들었으니까. 그러나 5년 후의 내가 그 기억을 지니고 과거로 간다면 무언가 바꿀 수는 있겠지만, 나는 더 이상 그 시간을 살고 있는 나라고 할 수 없을 것이다. 과거를 살게 된 미래의 나, 그리고 이를 알아차리는 것은 다비드의 어린 딸뿐이다.

그런데 여기에서 예기치 못한 반전이 일어난다. 알고 보니 이웃들의 대다수가 다비드와 마찬가지로 미래에서 과거로 돌아온 사람들이었던 것. 그들 역시 비밀을 지키기 위해 살인도 서슴지 않는 살인마가 되어있다. 과거로 돌아온다 한들 다비드의 죄책감이 씻겨나갈 수는 없었으며 도리어 자신을 죽이고 말았듯이, 각기 자신에 대해 지니고 있던 불안과 분노가 결국 외부로 뻗어나가 그들을 둘러싼 세상조차 이전과는 다른 공기로 둘러싸이게 된 것이다.

그리고 여기서 다비드는 어려운 딜레마를 마주하게 된다. 아내인 마야도 미래에서 5년 전의 세계로 돌아온 것이다. 이제 다비드는 선택을 해야 한다. 5년 전의 마야인가, 5년 후의 마야인가? 혼란스러운 와중에 급작스러운 위험이 닥친다. 그는 과거의 아내와 딸을 구하기 위해 두 사람이 미래로 향하도록 동굴로 보낸 후 자신과 마야를 죽이려는 이웃집 남자와 다투게 되는데, 그가 미래로 따라가서 마야를 공격할까 봐 끝내 동굴의 문을 부숴버린다. 그렇게 미래의 다비드와 마야가 이전에 딸이 죽은 수영장 앞에서 악몽에서 깨어난 듯 서로 손을 잡고 앉아있는 모습으로 영화는 끝이 난다.

다비드는 그렇게 긴 꿈처럼 고통스러운 시간을 마무리하며 상징적으로 자신을 처벌하고, 인생의 흐름을 바꿀 수 없다는 것을 깨닫고는 딸을 떠나보낼 수 있게 된다. 과거는 되돌아가 복원하는 것이 아니라, 지나가고 용서하며 그로부터 배워나가는 것이라는 걸 그는 비로소 깨달았을 것이다.

영화 중간에는 '한 구멍으로 들어가고, 두 구멍으로 나오며, 밖으로 나오면 그곳이 안쪽인 것은?'이라는 퀴즈가 하나 나온다. 답은 '스웨터 짜기'다. 하지만 이 퀴즈는 한편으로 영화의 주제를 상징적으로 담고 있는 듯하다.

이 퀴즈는 플라톤의 《국가론》에 나오는 에르와 윤회의 이야기를 연상케 한다. 죽음의 세계까지 갔다가 되돌아온 에르라는 병사의 이야기인데, 자세한 내용은 이렇다. 사람이 죽은 후 저승으로 가는 길에 두 개의 구멍을 만나게 되는데, 위에 두 개와 아래에 두 개가 있다고 한다. 살아서 선행을 한 사람은 위로 가서 오른쪽 구멍으로 들어가 왼쪽 구멍으로 나오며 그동안 10배의 상을 받는다. 반면 잘못을 많이 저지른 사람은 아래로 가서 역시 오른쪽 구멍으로 들어가 왼쪽 구멍으로 나오는데 그동안 10배의 벌을 받게 된다. 이 기간은 각각 1,000년씩이다.

그리고 그들 모두는 구멍 앞의 신비한 뜰로 나와 서로를 만나고, 각자의 경험을 공유하며 원점에서 다시금 시작하게 된다. 똑

같은 위치에서 자기 앞에 놓인 운명을 선택하여 다시 태어나게 되는 것인데, 이렇게 모든 것이 윤회한다는 설명이다. 그런데 재미있는 것은 선한 행동을 했던 사람들은 악한 사람의 운명을 선택하고 악한 사람들은 반대의 선택을 한다는 것이다. 동물은 인간이 되기를 열망하고 인간은 동물이 되기를 열망한다. 세상에는 완전히 악한 사람도, 완전히 선한 사람도 없으며, 모든 것은 시간의 흐름을 거스르지 못하고 흘러가며 윤회한다. 우리는 종종 시간을 되돌린다면 모든 것이 나아질 거라고 생각하지만, 결국 우리는 자신의 선택들을 통해 만들어진 존재다. 내가 가지 않은 길에 대한 후회는 언제나 남을 수밖에 없다. 때론 잘못된 선택을 통해 배워나가면서 그만큼 성장하고 오늘 조금 더 나은 인간이 되는 것일 테다. 영화 〈더 도어〉는 우리가 잘 알면서도 잊기 쉬운 진리를 다비드 역의 매즈 미켈슨의 훌륭한 연기를 통해 녹여내고 있다.

불안한 내면이
두려움을 현실로 만드는 이유

- 〈링 リング〉,
나카타 히데오, 1998.

늦게까지 영화를 보고 잔 다음 날에는 '오늘은 영화 보지 말고 일찍 자야지' 하고 속으로 다짐하는데, 그 결심은 작심삼일의 다이어트 다짐처럼 금방 깨져버린다. 수많은 포스터 사이를 이것저것 뒤적이다 보면 오늘 밤에는 또 어떤 세계로 빠져들까 새로운 설렘이 차오르는 탓이다. 영화는 모든 것이 가능한 환상의 세계로 우리를 인도하기에, 가끔은 마치 약물에라도 중독된 것처럼 그 유혹을 뿌리치기가 어려운 듯하다. 그 환상이 때론 무시무시한 공포일지라도 말이다.

영화는 꿈의 스크린이라고도 불린다. 프로이트가 모든 꿈은 소원 성취적인 것이라고 말했듯 꿈에서는 우리의 욕망과 환상이 충족된다. 영화 또한 마찬가지의 맥락으로 볼 수 있다. 우리가 꿈속에서 은연중에 지니고 있던 많은 소망과 욕구와 불안을 투사하고 그것을 충족시키거나 잠재우고 이해하며 통합해가듯, 영화를 통해서도 살면서 부딪치는 많은 내외적인 문제와 현상을 재구성하고 이해하며 통합해나갈 수 있기 때문이다. 그러나 꿈과 영화의 다른 점은 영화는 엄연한 현실이라는 점이다. 말하자면 그것은 존재하지 않는 현실이다. 있지만 존재하지 않는 것이다.

프랑스 영화학자들은 라캉의 이론을 바탕으로 영화의 이런 특성을 현존과 부재의 유희로 설명하기도 했다. 거울 단계 이론으로 유명한 프랑스 정신분석가 라캉은 어린아이의 발달 단계를 상상계le imaginaire, 상징계le symbolique, 현실계le réel 등으로 나누었는데 아이가 세상을 접할 때 대상 자체의 현존과 부재에 흥미를 느낀다고 보았다. 어머니의 젖가슴이 실재의 대상으로 존재한다 해도 그것이 아이 자신이 배가 고프지 않아 외면할 때에는 아예 세상에 없는 것이 된다는 것이다.

그러나 자세히 보면 우리가 영화 스크린을 들여다본다는 건 영국의 분석가 위니코트가 말한 이행기 시기transitional space에 해당할 수 있다. 아이는 태어났을 때는 자신과 엄마, 세상을 분리하지 못하고 한 몸이라 여기는데 차츰 자신과 타인이 분리되어 있다는 것을 느끼고 자신과 세상의 경계를 인식하기 시작한다. 이때 느껴지는 불안을 잠재우기 위해 곰인형이나 베개 같은 이행기 대상transitional object에 애착을 보이게 되고, 이 시기에 비로소 놀이나 상징을 창조해낸다. 즉 나도 아니고 남도 아닌, 그 둘의 경계가 모호한 시기를 바로 이행기 시기라 하는 것이다.

또 다른 예를 들면 약물중독의 증상 역시 이행기 시기의 재경험이라고 할 수 있다. 사람들은 잠시 현실을 떠나 환상에 도취되어 자신이 무한한 포용력을 가진 엄마 품에 안겨있는 듯한 착각에 빠진다. 거기에서 맛보는 전지전능감과 대양감. 위니코트는 이런 감각을 토대로 예술 현상을 설명한다. 그러나 이러한 환상은 때로 우리를 압도하고 집어삼키며 심한 경우엔 현실감을 아예 상실하게 만들기도 한다. 영화라는 또 다른 세계에 빠져드는 건 약물중독과 같은 유해한 증상과는 전혀 다르지만, 근본적으로 현실과 가상의 경계에 들어선다는 점에서는 비슷하다고 볼 수도 있을 것이다.

그리고 이러한 영화 속의 환상이 실제로 현실에 침투하여 우리를 파괴할지도 모른다는 불안감을 바로 영화 〈링〉에서 엿볼 수 있다. 〈링〉은 지금도 우리가 공포영화를 떠올릴 때 대표적으로 꼽을 만큼 개봉 당시에도 큰 파장을 불러왔으며, 일본 공포영화의 붐을 일으켰다고 해도 과언이 아닌 작품이다.

영화의 초반에는 여고생들 사이에 이상한 소문이 돌기 시작한다. 제목이 없는 어떤 비디오를 보고 나면 전화가 걸려오고 '일주일 후 당신은 죽을 것이다'라는 소리를 듣게 되며, 실제로 일주일 후면 그 사람이 죽는다는 것이다. 공교롭게도 이 소문과 겹쳐 청소년들의 의문사가 잇달아 일어난다. 사인은 없고 단지 죽은 사람의 얼굴이 공포에 질려있다는 사실만이 사건의 공통점이다.

주인공 아사카와 레이코는 혼자 아들 요이치를 키우고 있는 방송사 기자인데, 조카 역시 이 비디오를 보고 사망한 것을 알게 된 후 그 비디오의 진상을 본격적으로 취재하기 시작한다. 그 과정에서 자신도 비디오를 보게 되고, 곧이어 괴상한 전화를 받으며 공포에 휩싸인다. 그녀는 전남편인 타카야마 류지의 도움을 받아 소문의 진원지인 여관에 찾아가며 그 진상을 파헤쳐 나가기 시작한다.

그렇게 40년 전에 죽은 한 초능력을 가진 여인과 그 여인의 딸이 가졌던 원한이 드러나며 이들은 야마무라 사다코에 대한 진실에 접근하게 된다. 영적인 능력으로 매스컴에서 유명세를 탔던 야마무라 시즈코의 딸 야마무라 사다코는 생각만으로도 사람을 죽일 수 있을 정도로 엄마보다 훨씬 강한 영력을 지니고 있었다. 그리고 그 능력 탓에 비운의 삶을 살다가 원한을 품고 세상을 떠났던 것.

류지는 비디오가 기계로 촬영된 것이 아니라 영력으로 영사되었다는 사실을 알아내고, 비디오 속에서 사다코가 죽은 우물을 찾아낸다. 우물에서 사다코의 시신을 건져낸 그들은 사다코가 양아버지에 의해 우물에 빠져 죽었으며, 그녀의 원한이 비디오를 통해 흘러나와 사람들을 죽이고 있다는 사실을 알게 된다. 그들은 사다코의 원한을 풀어주려 하며 그 시신을 위로하고, 아사카와 레이코는 무사히 살아남는다.

그렇게 저주가 풀린 줄 알았는데 얼마 뒤 뜻밖에도 그녀의 전남편 류지가 원귀에 의한 죽임을 당했다는 소식을 듣는다. 사다코의 원한이 해결된 게 아니었던 걸까? 레이코와 달리 류지는 어째서 죽은 것일까? 알고 보니 그녀가 살아남은 것은 사다코의 시신을 위로한 덕분이 아니라, 비디오를 복사해 류지에게 보여줘서 저주가 그쪽으로 넘어갔기 때문이었다. 그리고 다시 소문이 돈다. '그 비디오를 보고도 죽지 않는 방법이 있대. 일주일 내에 그 비디오의 복사판을 다른 사람에게 보게 하면 된대······.'

얼핏 보기엔 청소년기를 겨냥한 뻔한 공포영화로 보인다. 그런데 자세히 들여다보면 이 영화는 전형적인 공포영화의 심리학을 담고 있다. 〈링〉의 희생자들은 모두 청소년이나 어린아이, 혹은 이혼하고 혼자 사는 젊은 남녀다. 그들은 정서적으로 충분히 안정되지 않았으며 피암시성 suggestibility 이 매우 높은 상태일 수 있다. 심리학에서 피암시성이란 우리가 외부의 영향력으로부터 어떤 의식이나 내용을 무비판적으로 습득하여 자신의 의견이나 태도에 반영하는 것으로, 암시를 믿고 받아들이는 행위를 말한다.

그리고 그들은 소문대로 정말 죽어가게 된다. 죽음의 원인은 소녀의 원귀일 수도, 아니면 자신들의 두려움일 수도 있다. 자아가 약해져 있는 상황에서는 외부에서 주어지는 소문이나 두려움을 무분별하게 신봉할 수도 있다. 예전에 들었던 한 실험 이야기가 떠오른다. 사형수를 대상으로 진행한 실험이었는데, 팔에 붕대를 감고 피를 낸 다음 양동이를 받치고 양동이에 금을 하나 그었다고 한다. 그리고 피가 여기까지 차오르면 당신은 죽게 될 거라고 암시했는데, 피가 그 지점까지 차오르자 실제로 사람이 죽더라는 것이다. 그런데 그 피는 진짜 피가 아니라 다른 액체였다고 한다. 사실 여부는 분명치 않으나 사람의 세뇌가 그만큼 강력하다는 이야기였다.

난 아직도 영화에 무서운 장면이 나오면 손으로 눈을 가리는 습관이 있다. 화면에서 뭔가 튀어나올 것 같은 두려움 때문이다. 물론 따지고 보면 참 바보 같은 짓이다. 눈을 가린다고 해서 나올 귀신이 안 나오는 것은 아닐 테니까. 이렇게 유치한 어린아이의 심리가 나이를 먹을 대로 먹은 내 속에서도 어김없이 튀어나온다는 게 우습지만 사람 마음이라는 게 마음대로 되지는 않는다. 그런데 영화 〈링〉에서는 실제로 비디오 속의 귀신이 현실 세계로 넘어온다는 설정이다. 소녀의 원귀가 화면에서 스르르 기어나오는 장면은 공포영화를 볼 때 우리의 심리를 정확하게 자극한다. 환상이 현실이 되는 장면에 관객들은 압도당하고 만다.

그런데 이 공포에서 벗어나는 방법 중 하나가 바로 공포를 공유하는 것이다. 나 혼자 무서워하는 게 아니라 남들도 무서워한다는 것을 보면서 우리는 안심한다. 그래서 무서운 이야기는 수학여행 밤에 아이들 사이에 단골 메뉴로 등장하여 입에서 입으로 전해지곤 한다. 마치 비디오를 복사하여 다른 사람에게 퍼트리는 것처럼 말이다. 영화 〈링〉에서 정작 무서운 귀신 장면은 딱 한 차례 등장할 뿐인데도 이 영화는 공포영화의 대명사로 자리 잡을 만큼 강력한 인상을 남겼다. 영화의 스토리 자체가 공포영화를 보는 관객의 심리를 꿰뚫는 동시에 공포영화의 근본을 잘 반영하고 있기 때문일 것이다.

인생의 분기점에서
우리는 어떤 변화를 맞이하는가

- 〈아메리칸 뷰티American Beauty〉,
샘 멘데스, 1999.

사람은 죽을 때까지 성장하는 존재다. 이전에는 사춘기를 지날 즈음 이미 인격이 완성되고 그 이후에는 인격의 발달이 이루어지지 않는다고 생각했으나, 최근의 정신분석 연구에 따르면 사람은 자신이 처한 환경이나 사회적 요구에 따라 죽을 때까지 새롭게 적응하고 성숙한다고 본다.

일찍이 공자는 '나는 열다섯 살에 학문에 뜻을 두었고吾十有伍而志于學, 서른 살에 스스로 섰으며三十而立, 마흔 살에는 세상일에 미혹되지 않게 되었고四十而不惑, 쉰 살에 천명을 알았으며伍十而知天命, 예순 살에는 귀가 순해졌고六十而耳順, 일흔 살에는 마음이 하고자 하는 바를 따라도七十而從心所欲 법도를 넘지 않게 되었다不踰矩'고 설파했다. 나이에 따라 시기를 구별하여 성취해야 할 과제를 제시한 것이다.

정신분석에서 성인기 발달을 제일 처음으로 강조한 사람은 분석심리학자 융이다. 융은 성인 발달에 있어서 특히 중년의 성격 발달을 중시하며 40세를 인생의 정오에 비유했다. 청년기에는 어느 일방으로 편향되었던 삶의 태도가 중년기에 오면 자기원형self-archetype의 힘에 의해 균형을 이루게 되고, 이를 통해 자기실현self-actualization 또는 개성화individuation를 이룰 수 있는 기회를 맞이한다는 것이다. 정신분석가 에릭 에릭슨 역시 사람의 발달은 멈추지 않고 계속 이어진다는 입장을 견지했는데, 그의 정신사회적 발달이론에 따르면 초기 성인기에는 친밀성 대 고립intimacy vs isolation, 중년기에는 생산성 대 정체generativity vs stagnation, 노년기에는 통합 대 절망integration vs despair의 발달 과제가 있다는 것이다.

본격적으로 영화에 대해 이야기하기 전에 이런 딱딱한 분석 이론을 나열하는 이유는 우리의 인격 구조가 성인이 되어서도 계속 부딪치고 변하며 발달해나간다는 사실을 강조하기 위해서다. 나이가 들면서 우리에게 주어지는 생물학적 변화와 사회적 요구는 우리를 또 다른 발달의 기로에 서게 한다. 앞으로 나아갈 것인가, 아니면 뒷걸음질치며 후퇴할 것인가.

나는 유달리 쉽게 감동받고 흔들리기도 잘하는 심성이라 공자의 마흔 살이 되면 미혹되지 않는다는 말을 철석같이 믿고 살아왔다. 나도 나이가 들면 쉽게 미혹되지 않고 혼란에서 벗어나며 점점 더 단단해지겠지. 그런데 웬걸, 중년의 나이에 접어들고도 모든 게 안정되기는커녕 나는 또 한번 회오리에 휘말리는 듯한 경험을 하게 되었다. 과연 나는 누구인가, 나는 어떻게 살아왔고 또 앞으로 어떻게 살아갈 것인가, 나의 삶에서 나의 존재는 무엇이며 나의 가족의 존재는 무엇인가? 뒤늦게 유치한 사춘기적 감상이 다시 살아나는 것일까? 그런 혼란한 마음 속에서 다시 한번 정체성의 위기가 다가오는 것을 느낄 수 있었다. 아하, 그래서 중년을 제2의 사춘기라고 하는구나. 공자가 말했던 불혹不惑이 아니라 다시금 살아왔던 모든 것을 되돌아보고 정리하고 앞으로 나아갈 길을 찾아가는, 말 그대로의 인생의 정오로구나!

40세는 인생에 있어서 또 한 번의 분기점이라고 할 수 있다. 초기 성인기에 배우자를 선택하고 가정을 꾸리며 직업을 선택하는 등 외형으로 나타나는 선택과 정립의 시기가 아니라, 자신의 인생과 정체성에 관해 정립하는 내적인 분기점인 것이다. 마흔이 되면 신체적으로도 많은 변화가 온다. 몸의 기능은 이전 같지 않고 성적인 기능도 급격히 떨어진다. 직장에서는 일에 대한 책임의 강도가 높아지는 동시에 급변하는 사회적 요구에 따라가지 못해 쩔쩔매며 상사와 부하의 눈치를 동시에 살펴야 하는 샌드위치 같은 존재가 된다. 집에서는 공들여 키워온 자식들이 저 혼자 자란 줄 알고 부모를 무시하며 품에서 떠나가려 한다. 이런 상황을 겪다 보면 지금까지 살아왔던 시간이 모두 무의미하게 느껴지기 십상이다. 사람들은 이 시점에서 내적인 방황과 혼돈을 거쳐 다시금 자신을 정립하고 새로이 인생의 의미를 찾아나간다. 에릭슨이 말한 생산성이냐 아니면 정체성이냐의 과제가 바로 이것이고, 또한 이 시기를 제4의 분리개별화 과정이라고 보는 이유이기도 하다.

〈아메리칸 뷰티〉는 바로 이러한 성인기의 발달에 대해 다루고 있다. 이 영화는 주인공 레스터 번햄 가족을 주축으로 하여 중년과 가족의 위기를 심리적 측면에서 풀어나간다. 레스터 번햄은 겉으로 보기엔 평범한 회사원이지만, 가족에게 경멸당하고 회사에서는 구박받으며 몸도 마음도 망가져가고 있는 인물이다. 그에게 있어 하루 중 최고의 순간은 아침마다 샤워하면서 자위행위를 하는 것뿐, 그 외에는 모든 것이 곤두박질치는 것처럼 느껴질 뿐이다.

아내 캐롤린은 실적을 위해 물불을 가리지 않는 부동산 중개인으로, 완벽하게 일 처리가 되지 않으면 자신의 뺨을 때리며 자해까지 하는 강박적인 중산층 여성이다. 그리고 그들의 외동딸 제인은 평범함을 불행으로 생각하는 전형적인 사춘기 반항아인데, 자신의 부모를 경멸하며 '누가 아빠를 죽여버렸으면 좋겠다'고 할 정도의 분노를 품고 있다.

어느 날 딸의 학교를 방문한 레스터가 딸의 친구 안젤라에게 한순간 반해버리면서 그들의 삶은 달라지기 시작한다. 안젤라에게 반한 레스터는 그녀에 대한 장밋빛 환상을 품는데, 이 영화를 보지 않은 사람들도 한 번쯤은 접해봤을 만큼 아름답기로 유명한 장면이다. 그러다 옆집에 해병대 출신 대령인 프랭크 피츠 가족이 이사 오면서 이들 관계는 더욱 복잡하게 얽혀간다. 이 집 아들 리키는 제인을 좋아하며 그들의 삶을 엿보고 몰래 비디오로 찍는 취미를 가지고 있는데, 리키와 제인이 가까워지면서 자연스럽게 리키와 레스터도 안면을 트게 된다. 그동안 몰래 마약을 밀수해 팔던 리키는 레스터에게도 대마초를 팔게 되고, 그 덕에 레스터는 한층 더 본격적으로 활기찬 일상을 즐기기 시작한다.

　이 영화에서 레스터는 42세로 막 중년에 접어들었다. 평소 부인에게 경제적으로, 그리고 성적으로 무시당하고 딸에게는 경멸받는 그야말로 패배자의 인생을 살다가 딸의 친구 안젤라를 보면서 일어나는 변화는 매우 흥미롭다. 중년기의 과제에 부딪혔을 때 레스터가 쓰는 방어는 바로 과거로의 퇴행인 듯하다. 딸과 딸의 친구와 아버지, 그건 오이디푸스적인 상황으로의 재돌입을 의미한다. 그리고 그는 마치 다시 사춘기 소년으로 돌아간 것처럼 행동하기 시작한다.

　카섹시스cathexis(정신적 에너지)가 온통 신체에 들러붙고 보디빌딩을 하여 튀어나온 알통에 행복해하며, 대마초를 피우고 핑크 플로이드의 음악을 듣는다. 직장에서도 상사에게 통쾌하게 반항한 뒤 과감히 직장을 때려치우고 햄버거 가게에서 아르바이트를 하는 그는 영락없는 10대 청소년이다. 제2의 사춘기가 아니라 다시 이전의 사춘기로 재돌입하는 것이다. 그러나 무수한 남성 편력을 자랑했던 안젤라가 레스터와의 관계 직전에 이번이 첫 경험이란 걸 말하는 순간 그는 그녀가 자신의 딸의 친구임을 퍼뜩 깨닫고 정신을 차린다. 여기서 또한 안젤라의 미숙한 여성성이 드러난다. 안젤라는 모든 남성으로부터의 관심과 찬탄을 열망하며 무수한 남성 편력을 가진 듯이 떠벌렸지만, 실제로 그녀는 성관계를 두려워하는 성적으로 미숙한 소녀일 뿐이었다. 안젤라라는 인물은 히스테리아 심리학의 전형을 보여주는 듯하다.

레스터는 그러는 와중에 차츰 평범한 일상 속에 있는 행복의 의미와 가족의 소중함을 깨닫게 되지만, 아이러니하게도 그것을 깨닫는 순간 죽임을 당하고 만다. 중년기의 방황을 거쳐 그 시기의 과제를 해결하고 다음 발달의 단계로 들어서려는 순간 죽게 되는 것이다. 그의 가족은 이제 와서 회복하기엔 너무나 망가져버린 까닭일까? 그러나 그의 마지막 얼굴은 한층 행복해 보인다. 인생의 평범하면서도 가장 소중한 진리를 깨달은 덕분일 것이다.

영화 〈아메리칸 뷰티〉라는 제목의 뜻은 세 가지로 풀이된다. 첫째, 가장 고급스러운 장미의 이름, 둘째, 금발에 파란 눈을 가진 전형적인 미국 미인, 셋째는 일상에서 느끼는 소박한 아름다움이라는 뜻이다. 영화에는 이 세 가지가 모두 나오지만, 결론적으로는 앞의 두 가지 美가 그저 허망한 데 비해 세 번째 '일상에서 느끼는 소박한 아름다움'이 진정한 미국적 美라는 것을 역설하는 듯하다.

이러한 레스터 가족의 이야기를 큰 축으로 하고 있지만 다른 인물들의 존재감도 결코 적지 않다. 옆집 리키의 가족은 나치를 숭배하는 가부장적이고 권위적이며 폭력적인 아버지를 중심으로 한 병적인 가족의 모습을 묘사한다. 동성애를 병적으로 경멸하는 아버지 내면에는 사실 그 자신의 호모섹슈얼리티가 억압되어 있고, 그는 아들과 레스터의 동성애 관계를 의심하고 좇다가 도리어 자신의 욕망을 드러내고 만다. 그리고 최후에는 레스터를 죽이고 마는데,

그것이 거절된 동성애적 구애에 대한 분노인지, 절망하는 부인 캐롤린의 분노인지 명확하지 않으나 그만큼 그의 동성애적 욕구는 영화에서 강렬하게 메아리친다.

또 한 사람, 이 영화에서 매우 중요한 역할을 하는 사람은 바로 이웃집 소년 리키다. 리키는 마치 인생의 진리를 깨닫고 그걸 다른 사람들에게 알리는 현자인 것처럼 행동한다. 하지만 자세히 들여다보면 그는 남의 사생활을 엿보는 관음증 환자이자 대마초를 팔며 아버지에게 반항하는 비뚤어진 청소년일 뿐이다. 레스터와 리키가 느끼는 인생의 아름다운 순간이란 결국 그들이 대마초를 필 때 느끼게 되는 경험이다. 그래서 그가 강조하는 삶의 소중함은 왠지 공허하고, 그의 표정은 어딘가 섬뜩하기까지 하다. 이미 평범한 행복에선 한참 벗어난 이들 가정에서 맨정신으로 인생의 아름다움을 경험하는 것은 어려운 탓에 결국 환각의 힘을 빌려야 하는 것일까.

미국 영화에는 유독 아버지가 없는 영화가 많다. 아버지의 존재가 있더라도 미약하거나, 병적이고 폭력적인 모습으로 등장한다. 아마 미국이라는 나라 자체가 아버지가 없는 나라이기 때문인 듯하다. 미국은 영국에서 건너온 죄수들, 말하자면 아버지로부터 버림받은 이들이 모이며 만들어졌다. 그래서 그들은 아버지에 대해 많은 콤플렉스를 가지고, 가족에 대해 강박적으로 집착하는 경향을 보인다. 많은 미국 영화가 '좋은 아버지 찾기'를 하다가 결국 인생 최대의 선인 가족으로 돌아가거나 가족을 보호하는 결말로 끝이 나는 이유다. 그래서 〈아메리칸 뷰티〉 역시 인물들이 결국 가족의 소중함을 깨닫고 화해하며 뻔하게 마무리되지 않을까 싶었으나, 이 영화는 그런 상투적인 결말을 보여주진 않는다. 그렇게 회복되기에는 이미 많은 것을 망가뜨리고 잃어버렸기 때문일 것이다. 그러나 최후에 가족의 소중함을 깨닫고 그 행복을 느끼며 죽는 레스터의 모습은 그 순간을 영원히 붙들어 두려는 것처럼 보이기도 한다.

〈아메리칸 뷰티〉에는 인물들이 각각 담고 있는 많은 이야기가 모자이크를 짜깁기하듯 얽혀있어서 어떤 면에서는 스토리의 깊이보다 마치 정신과 교과서를 보는 것 같을 정도다. 관념이 지배하는 예술은 감동이 적고 지루하기 마련이라. 한 영화에서 너무 많은 것을 보여주려는 게 한편으로는 어수선한 느낌도 있다. 하지만 그럼에도 참 잘 만들어진 영화인 것은 사실이다. 다소 부자연스러운 모자이크 틈새를 배우들의 연기가 훌륭하게 메꿔주고 있다. 특히 이 영화가 샘 멘데스 감독의 데뷔작이라는 건 정말 놀랍다. 앞으로 그가 영화적 표현에 조금만 덜 욕심을 내면 더 좋은 영화가 많이 탄생하리라는 기대감이 든다.

내 아내의
성적 판타지를 알게 된다면

- 〈아이즈 와이드 셧Eyes Wide Shut〉,
스탠리 큐브릭, 1999.

우리는 때로 현실에서 벗어나 꿈꾸는 듯한 판타지에 발을 들이고 싶을 때가 있다. 아름답고 동화적이며 가끔은 직접 즐길 수도 있는 종류의 판타지를 떠올리기도 하지만, 한편으로는 스스로도 눈을 질끈 감아버릴 만큼 말 못할 판타지를 간직하고 살아가기도 한다. 그런 판타지들은 때로는 꿈의 형태로, 때로는 어느 순간 뺨을 때리며 획 지나가는 바람처럼 섬뜩한 느낌으로 자신의 존재를 드러낸다.

프로이트는 우리의 에고ego가 자라면서 원초적인 성적, 공격적 충동을 포기하게 되고 이에 대한 보상으로 그런 충동들이 판타지의 형태로 존재하게 된다고 설명했다. 그래서 마치 자연의 보고처럼 판타지가 우리 마음속에서 나름대로의 생을 유지하는 것이라고 말이다. 그래서 두 눈을 크게 뜨고 자세히 보면 우리는 제각기 머리 위에 또 다른 환상의 세계를 이고 살아가고 있다. 그러고 보면 참 복잡한 세상이다. 여러 사람이 서로 어울리고 부대끼고 사는 것으로도 이미 복잡한데, 각자의 머리 위에는 저마다 가진 환상의 세계가 얹혀있고, 그것들은 또 현실 세계의 법칙과 상관없이 서로 얽히게 되곤 하니 말이다. 그러니 그것들로부터 두 눈을 질끈 감고 차라리 보지 않으려는 마음이 들 만도 하다.

사실 모르는 게 약이 되는 일도 많다. 내 속에 어떤 판타지가 있든, 내 배우자의 머릿속에 어떤 판타지가 있든 안 보고 모르고 살면 도리어 속이 편하지 않겠는가. 하지만 어쩌다 힐끗 들여다본 어떤 판타지는 사람을 현기증 나게 만든다. 때로는 현실과 환상의 경계를 잃어버려 헤매게 될 수도 있다.

"인간은 고상한 야만인이 아니라 비천한 야만인이다. 인간은 잔인하며, 약하고, 어리석으며, 자신의 이익과 관련된 일에서는 객관적일 수가 없다. 나는 인간의 잔인하고 폭력적인 특질에 관심이 많다. 왜냐하면 그것이 바로 인간의 진실된 모습이기 때문이다."

1972년 한 인터뷰에서 〈아이즈 와이드 셧〉의 감독 스탠리 큐브릭이 한 말이다. 그는 세상에 대한 자신의 견해답게 인간 본성의 어두운 면에 관한 냉소적인 영화를 여럿 만들었다. 그러나 그가 〈풀 메탈 자켓〉 이후 12년의 오랜 침묵을 깨고 내놓은 〈아이즈 와이드 셧〉은 한 영화 천재의 마지막 작품이었다는 점에서, 또 세상에 대해 좀 더 긍정적인 시각 변화를 드러냈다는 점에서, 그리고 인간

의 성적 환상에 대한 과감한 접근을 시도했다는 점에서도 세인들의
주목을 끌기에 충분했다.

영화 〈아이즈 와이드 셧〉은 한 젊은 여피족 부부의 성적 환상
을 다룬 영화다. 뉴욕의 젊은 의사 윌리엄 빌 하포드는 정숙한 아내
앨리스 하포드와 여유롭고 안정된 생활을 영위하고 있다. 그러던 어
느 날, 그들은 빌의 환자 빅터 지글러가 여는 크리스마스 파티에 참
석했다가 각자 다른 이성으로부터 강한 성적 유혹을 받게 된다. 그
리고 다음 날 앨리스는 빌에게 충격적인 고백을 털어놓는다. 우연히
눈길이 마주친 한 해군 장교의 매력에 반해 그와 하룻밤을 보낼 수
있다면 가족 모두를 포기할 수 있을 만큼 강렬한 욕망을 느꼈다는
것이다. 이 말을 들은 빌은 커다란 충격에 휩싸인 채 아내의 불륜에
대한 환상에 시달리게 된다. 그런 채로 뉴욕 밤거리를 헤매던 그는
창녀를 찾아가 에이즈의 위험에 노출될 뻔도 하고, 기괴한 종교의식
같은 집단 섹스파티에 잠입해 위험한 상황에 처하기도 한다.

이 영화에서는 젊은 부부가 각기 갖는 성적 판타지가 서로
부딪치면서 만들어내는 성적 파노라마가 펼쳐지며, '실제적'인 것
과 '환상적'인 것들이 끊임없이 시각적으로 교차된다. 무엇이 진실
이고 무엇이 환상인가. 우리는 무엇을 알 수 있으며, 어떻게 알 수
있는가? 큐브릭은 판타지나 내적 현실이 어떻게 우리의 경험을 모
양 짓고 지배하는지 보여준다. 아내의 성적 욕망에 대한 고백을 들
은 뒤 빌의 앞에는 유혹적이며 자극적인, 그러나 낯선 경험들이 놓
이게 된다. 그의 내적 현실은 그로 하여금 전혀 색다른 경험들을 받

아들이도록 유도하고 자극한다. 그리고 그는 자신의 환상에 따라 사물을 해석하고 찾아다니기 시작한다.

여기서 또한 흥미로운 것이 아내 앨리스의 캐릭터다. 이지적이며 가정적이고 정숙한 여성인 그녀가 파티에서는 은근히 유혹적이며 관능적인 모습으로 변한다. 그러나 실제적인 성적 유혹 앞에서 그녀는 다시 가정으로 도망친다. 그리고 거울 앞에서의 정사가 이어지는데, 그녀는 남편의 애무를 받으며 거울 속의 자신에게 묘한 시선을 던진다. 아마도 거울이 판타지의 세계를 상징하는 듯, 이어서 거울 안의 세계와 거울 밖의 세계는 계속 교차된다. 아내의 성적 판타지를 듣고 충격에 빠지는 빌 역시 환상과 현실의 세계를 넘나들며 방황한다.

영화에서 섹스의 의미는 다양하게 해석할 수 있다. 관계, 파워, 강박, 복수, 거래, 그리고 자기애적 손상의 위안으로서의 섹스까지. 그러나 결국엔 사랑으로서의 섹스가 이 모든 것을 감싸는 결말로 이어진다. 빌이 앨리스에게 지난밤에 있었던 혼란스러운 모든 일을 털어놓으며, 두 사람 모두 현실로 돌아와 함께 크리스마스 쇼핑을 하러 가는 것이다. 어쩌면 맥이 빠질 정도로 뻔한 결말인 듯하지만, 감독 큐브릭은 부부의 사랑과 신뢰가 모든 것을 이겨낼 수 있다는 평화로운 결론에 냉소적으로 한 마디를 보탠다. "빨리 집에 돌아가서 우리가 할 일이 있어. Fuck!" 앨리스의 이 대사는 다시 관계로서의 섹스, 또 강박으로서의 섹스로 복귀할 수 있음을 암시하고 있다.

두 눈을 크게 뜨고 자세히 보면 이 영화는 한편으로 나르시시즘을 다루고 있는 면모도 보인다. 주인공인 젊은 의사 빌은 상당히 나르시시스틱한 인물이다. 그는 잘 정돈된 외모에 안정된 직업, 성실한 성격에 평화로운 가정까지 이상적인 모든 것을 갖추고 있다. 그러나 그는 아내가 나름대로의 내적 현실을 가지고 있는 사람이라는 것을 보지 않으려 한다. 그는 정숙한 아내, 아이의 어머니로서의 아내, 즉 그의 안정된 시스템 안에 하나의 톱니처럼 들어가 있는 아내 앨리스의 모습만을 보고 싶어 한다. 또한 주변의 모든 사람을 인간이 아닌 대상처럼 거리를 두고 대한다. 즉 모든 것은 그의 자기애적 세계를 유지하기 위해 필요한 대상일 뿐이다.

그러니 그에게 다른 남자에 대한 아내의 성적 판타지는 하나의 위협이자 고문인 것이다. 아내가 전체적인 인간이라는 것을 보기를 거부하는 그에게 이 사실은 남근기적 자기애phallic narcissism를 손상시키며 아이덴티티를 심각하게 흔드는 일이다. 즉 그는 거세의 위협에 직면한다. 그리고 질투와 고립이라는 딜레마 속에서 헤매게 된다. 이후 마치 환각처럼 반복적으로 그를 괴롭히는 아내의 불륜에 대한 환상과 밤거리를 헤매며 겪는 일련의 경험들은 그의 자아가 얼마나 취약하며 그가 얼마나 미숙한 방어기제를 사용하고 있는가를 여실히 보여준다.

성적 유혹과 부인의 내적 현실에 맞닥뜨린 그는 마치 일종의 정신병적인(말 그대로의 정신병적 상태는 아니더라도) 방어기제를 사용하는 것처럼 보인다. 그러나 그는 자신의 경험과 아내의 꿈에서 유사점을 발견하고, 아내도 자신만큼 성적 판타지로 두려워하고 있음을 알고는 안심한다. 둘은 더 이상 분리되지 않기 때문이다. 그리고 마치 어머니 앞에 서있는 소년 같은 모습이 되어, 두 눈을 질끈 감고 다시 아내와의 관계로 들어가기로 합의한다.

또한 빌에게 반복적으로 떠오르던 아내와 해군 장교의 성교 장면은 되살아난 원초경primal scene의 충격과도 이어진다. 그것은 사실이 아니라 상상임에도 불구하고 그를 집요하게 따라다니며 괴롭히는데, 이는 빌의 내적 세계에 잠재되어있던 어떤 기억이 아내의 고백에 의해 자극받고 되살아났음을 암시하고 있다. 바로 빌이 어릴 때 보았던 부모의 성교 장면의 재생이다. 넘어뜨릴 수 없는 힘과 권위를 상징하는 해군 장교, 그에 반해 일탈을 꿈꾸는 아내, 그리고 그 앞에서 무기력할 수밖에 없는 자신. 이것은 오이디푸스적 삼각관계의 재현이다. 어릴 때 어둠 속에서 맞닥뜨린 부모의 성교 장면은 아이에게 커다란 충격으로 다가온다. 아이는 묘한 흥분과 함께 뭔가 무서운 일이 펼쳐지고 있다는 두려움 속에 휩싸이게 된다. 아이의 눈 앞에 펼쳐지는 것은 어머니가 아버지로부터 뭔가 무서운 일을 당하고 있는 것 같은 장면이고, 그것은 성행위를 위험한 것으로 받아들이게 되는 첫 경험이다. 그래서 원초경과 연관된 성적 환상은 가학-피학적인 양상을 많이 띠고 있다.

그렇게 아내 앨리스의 성적 판타지와 맞닥뜨린 빌이 이후에 경험하는 것은 위험하고도 기괴한 성이다. 유혹적이던 거리의 여인이 실은 자신을 파괴시킬 수도 있는 에이즈 환자이고, 의상 대여

점에서는 딸과 아버지, 그리고 외간 남자 사이에서 이해하기 어려운 일이 코미디처럼 벌어지고 있다. 그리고 마지막으로 찾아간 집단 섹스 파티에서도 그가 어릴 때 밤마다 보고 상상했을 법한 일들이 펼쳐진다. 그는 호기심 많은 구경꾼으로 등장하며 그러한 장면을 목격했다는 이유로 위험에 처하게 된다. 이것이 바로 원초경의 재생인 것이다.

이러한 원초경에의 노출은 아이에게 흥분과 두려움을 주는 것 외에도 소외와 고립감의 느낌, 그리고 질투의 감정을 동시에 부여한다. 아이는 자신만 그 장면에서 제외되었다는 것에 대해 묘한 질투와 고립감을 느끼는데, 이는 빌이 부인의 판타지와 접한 후 느끼는 감정과 동일하다. 그는 이를 극복하기 위해 강박적으로 어릴 때의 그 장면을 찾아다니는 것이고, 아버지와 같은 지글러로부터 그의 위험한 호기심에 대한 질책과 사실에 대한 해명을 듣고서야 방황을 멈춘다.

이 영화를 보다 보면 두 눈을 질끈 감아버리라는 것인지 아니면 두 눈을 크게 뜨고 서로의 내면 세계를 보며 그걸 인정하고 온전히 받아들이라는 것인지 내내 헷갈린다. 어떤 해석으로 받아들일 것인지는 결국 관객의 몫이다. 그러나 이 영화는 큐브릭 감독이 1차 시사회 후 나흘 만에 세상을 뜨며 미완성으로 남게 되었는데, 그래서인지 완성도 면에서 아쉽게 느껴지는 점도 적지 않다. 늘어지는 편집과 판에 박힌 듯한 연기, 관객에게 감정을 강요하는 소음 같은 음악은 도리어 영화에의 몰입을 방해하는 느낌이다. 물론 붉

은색과 황금색, 그리고 푸른 빛으로 교차되는 색조의 향연과 중세 미술 작품을 보는 듯한 집단 섹스 장면 등은 가히 환상적이다. 다만 큐브릭의 죽음 전 마지막 작품이 아니었다면 이 영화가 이렇게까지 찬탄 받았을까 하는 냉소적인 의구심도 드는 것이 사실이다. 어찌 보면 참 잘 만들어진 영화, 그러나 어찌 보면 지루한 성적 환상으로의 여행이기도 했다.

가장 두려운 것은
내 안에 있다

- 〈크레이지The Crazies〉,
브렉 에이즈너, 2010.

공포영화가 달라지고 있다. 이전의 공포영화에서는 공포의 대상이 주로 외부에 있어, 사람과 다른 이질적인 존재로부터 공포심을 자극받는 것들이 많았다. 사람에게 상처받거나 학대받아 생겨난 괴물 혹은 괴물화 된 돌연변이가 인간에게 복수하는 괴수물이나, 어떤 초자연적인 대상에 의해 쫓기는 식의 괴기영화, 한 사람 이상의 정신병적 정신병리에 의한 엽기적인 살인 행각이 일어나는 호러영화, 거대한 자연의 힘 앞에서 속수무책인 인간을 그린 재앙영화 등이라고 볼 수 있겠다.

말하자면 그간의 공포영화는 사람의 마음속에 있는 어떤 부분이 외부로 투사되어 사람과 다른 공포의 대상을 만들어놓고, 그것으로부터 도망치면서 궁극적으로는 그 무시무시한 괴물 같은 존재를 제압하거나 이기는 결말로 이어졌다. 공포의 대상이 사람들을 두려움에 떨게 하면서 한편으로는 결국 우리를 안심시키는 역할을 했던 셈이다.

그런데 언제부턴가 가장 공포스러운 대상이 사람 자체가 되고, 그 피해자 역시 무차별적인 인간 전체가 되어버린 영화가 유행하기 시작한 것 같다. 조지 로메로 감독의 〈살아있는 시체들의 밤〉을 시작으로 인기를 끌기 시작한 좀비 영화 역시 그러한 맥락에서 볼 수 있다. 좀비 영화에서는 더 이상 선과 악의 구별조차 없다. 어떤 선량한 사람이라도 소위 '분노 바이러스'에 감염되면 자신의 아이들마저 먹어치우는 무시무시한 좀비가 되어버린다.

몇 번을 죽여도 다시 살아나고, 이미 인간성을 잃어버린 채 식욕과 파괴욕만 남은 좀비들은 말 그대로 살아있는 시체가 되어 먹이를 찾아 헤맨다. 이 암흑의 시대에는 가족도, 사랑도, 마지막 남은 인류애조차 파괴되고 없다. 가족이 해체되고 이웃 공동체가 파괴되어 모든 관계가 의미 없는 것이 되어버린 이 지구상에 남은 것은 오로지 먹고 먹히는 잔혹한 먹이사슬뿐이다. 더 절망적이고 끔찍한 것은 이 분노 바이러스에는 약이 없으며 상처나 음식, 심지어 공기를 통해서도 급속도로 전파된다는 것이다. 바이러스에 감염되면 그가 이전에 어떤 사람이었는지와 관계없이 다른 사람의 내장을 무차별적으로 파먹는 끔찍한 좀비로 변해버리고 만다. 그렇게 이 바이러스는 끝내 전 인류를 멸망시킨다. 이런 좀비물의 인기는 〈살아있는 시체들의 밤〉을 필두로 〈레지던트 이블〉 시리즈, 〈28일

후〉, 〈나는 전설이다〉 등으로 이어졌다.

이는 사람과 다른 존재를 두려워했던 이전의 공포영화와 달리 언제부턴가 자기 자신을 두려워하기 시작한 사람들의 심리를 잘 담고 있다. 자신 안의 분노가 표출되면 차츰 모든 것이 파괴되고, 결국 지구가 멸망할 것이라는 원초적인 두려움을 그려낸 것이다. 두 번의 세계대전을 경험하면서, 그리고 인간이 어디까지 잔인해질 수 있는지를 핵전쟁의 위협과 수많은 대량 학살과 테러 등을 통해 경험하면서 사람들은 이제 자신조차 믿지 못하게 되었다.

자신 안의 분노기 튀어나오면 가장 사랑하는 사람은 물론 자기 자신마저 파괴시킬 수 있다는 두려움은 멜라니 클라인이라는 분석가가 말한 편집-분열증적 위치에서의 자신의 공격성에 대한 환상과도 일맥상통한다. 죽음에 대한 불안을 약한 자아가 감당할 수 없을 때 일종의 방어기제로서 외부에 공격성을 투사하고, 그 대상이 다시 나를 공격하는 듯한 환상을 갖는 것이다. 이러한 심리적 기제 외에도 이 시기의 구강공격적 욕구가 합쳐져서 무참히 먹어버리거나 먹혀버리는, 그래서 모든 것이 사라져버리는 원초적 공포가 생겨나게 된다.

이처럼 내부에 있는 분노에 대한 두려움이 한층 위험한 이유는 공포감이 타인은 물론 자신조차 믿지 못하게 만든다는 데 있다. 또한 언제 세상이 멸망할지 모른다는 두려움은 사람들로부터 희망과 미래를 앗아간다. 그래서 사람들은 더욱더 현재의 쾌락에 탐닉하며 자극을 찾게 되고, 그러한 자신을 보며 또다시 자신에게 불안과 공포를 느끼는 악순환을 밟게 되는 것이다.

영화 〈크레이지〉는 〈살아있는 시체들의 밤〉을 필두로 〈시체들의 새벽〉, 〈시체들의 날〉까지 일명 '시체 3부작'을 만든 조지 로메로 감독의 1973년 작 〈분노의 대결투〉를 리메이크한 작품이다. 좀비 대신 바이러스로 인한 위협을 소재로 했지만 무시무시한 전파력과 지속적인 변이 등의 특성은 좀비의 파급력과 크게 다르지 않다. 감염된 사람들은 피부가 부풀고 눈동자에 초점이 사라지며 점차 살기를 품은 좀비가 되어 미쳐간다. 〈크레이지〉는 이렇게 파괴되어 가는 세상 속에서 사랑하는 사람을 구하기 위해 필사적으로 죽음의 도시를 탈출한 선량한 남녀의 이야기를 그리지만, 동시에 그들이 보유하고 있는 바이러스에 의해 다른 세상이 또다시 파괴되는 처참함을 예고한다.

이젠 사랑으로도 막을 수 없게 된 분노 바이러스. 그러나 영화의 엔딩 크레딧과 함께 울려 퍼지는 경쾌한 컨트리 뮤직은 그럼에도 희망과 사랑을 추구하는 순진한 인간을 향한 비웃음일까, 아니면 이러한 분노 바이러스를 잠재우는 유일한 희망은 그래도 꿈과 사랑과 믿음뿐이라는 걸 말해주려는 것일까. 잔혹하고 역겨우며 어두운 영화 내용과 대비되는 밝은 음악이 우리의 얼굴에 강제로 미소를 그려 넣으며 영화는 의미심장하게 막을 내린다.

누가 왕이고,
누가 광대인가

- 〈왕의 남자〉,
이준익, 2005.

놀이는 판을 벌여야 제맛이다. 합의된 '판' 없이 현실에 일방적으로 놀이가 끼어들면 사람들은 대체로 당황하거나 혹은 상식적이지 않은 상황에 화를 낼 수도 있을 것이다. 하지만 일단 놀이판에 대한 암묵적인 동의가 이루어지면 사람들은 기대와 호기심을 가지고 놀이가 시작되길 기다린다. 이 판이 어떤 즐거움을 선사할지 몸이 근질거리고 신명이 나는 채로 말이다.

'판을 벌인다'는 것은 일종의 사회적 동의가 이루어졌음을 뜻한다. 이것은 현실이 아닌 가상이며, 따라서 현실에서 일어날 수 없는 재미나고 통쾌한 일이 벌어질 수 있다는 암묵적인 허용인 것이다. 그래서 놀이판에서는 사회적으로 금지되어왔던 일들도 버젓이 벌어진다. 윗사람을 놀려먹는 일, 걸쭉한 음담패설과 함께 그간 억압되어 온 성적 욕망을 희희낙락 풀어놓는 일, 사회적으로 금기시되어온 행동을 능청스레 묘사하는 일 등이 창피하거나 불편하기는커녕 오히려 재미와 통쾌함을 가져다준다.

하지만 아무리 놀이판이라도 보통 사람들은 벌건 대낮에 차마 할 수 없는 행동들도 많기에, 누군가가 그 역할을 대신해 보는 이들에게 카타르시스를 안겨준다. 우리는 그들을 바로 광대라고 부른다. 광대들은 사람들이 누구나 쓰고 있는 가면을 벗겨 억압된 욕망을 드러내고 대신 풀어주는 역할을 한다. 그래서 이 놀이판은 현실이지만 현실이 아닌, 그러나 판타지라고 하기엔 너무 현실적인 그 중간 세계에 속한다. 그래서 영화 〈왕의 남자〉에서는 놀이판을 '반 허공'이라고 표현하기도 한다. 〈왕의 남자〉는 이 '반 허공'에서 놀던 장생과 공길이라는 광대가 허공에 매달아놓은 줄에서 현실로 내려와 판을 벌였을 때 벌어진 비극을 담고 있다.

장생과 공길은 놀이판 위에서 세상을 풍자하며 구경꾼들에게 웃음을 선사하고 그 대가로 밥을 얻는 천한 신분의 광대다. 두 사람은 실과 바늘처럼 붙어 다니는데, 거칠고 자유로운 영혼의 소유자인 장생과 섬세하고 순응적인 성향의 공길은 마치 한 사람을 둘로 쪼개놓은 것처럼 상반된 모습을 가지고 있다. 즉, 공길은 장생의 내면에 있는 여성성이며 장생은 공길의 내면에 있는 남성성을 상징한다. 그래서 이 둘의 관계는 성적 요소가 강한 동성애적 관계라기보다 마치 서로를 자신의 분신인 양 대하는 나르시시즘적 요소가 강하다. 장생은 공길을 아끼고 보호하며 그의 몸이 팔려나가는 데 분노한다. 그

러나 막상 위기 상황에서 장생을 구하는 것은 공길이다. 동시에 공
길은 다른 남성을 거부하지 않고 자신에게 다가오는 남성들에게 묘
한 연정을 느끼는 장생의 여성적 모습이기도 하다.

　　이 둘은 반 허공의 놀이판을 마련해놓고 그 위에서 마음껏
세상을 풍자하며 자신들의 끼를 발산한다. 그러나 어느 순간 이 놀
이판의 경계가 무너지며 놀이판이 현실이 되어버린다. 바로 연산군
의 환관인 처선에 의해 왕의 앞에 놀이판을 벌이게 되면서부터다.
우리는 한 겹 너머 보이는 남의 일은 웃으며 즐길 수 있지만 그것이
막상 내 일이 되면 그럴 수 없게 된다. 놀이판의 경계가 깨지는 것
도 마찬가지다. 놀이판은 그 안에서 놀고 있는 광대나 그것을 지켜
보는 관객을 보호해주는 안전장치 역할을 하는데, 관객들은 이 경
계를 안전막 삼아 광대들이 풀어놓는 이야기와 일정한 거리를 두고
웃고 즐길 수 있다. 그것이 어디까지나 놀이일 뿐이라는 것을 알기
때문에 일정한 거리를 두고 내부에 쌓여있던 본능적 욕구를 간접
적으로 분출한 뒤 다시금 현실로 돌아올 수 있는 것이다. 그런데 이
거리가 깨져버리거나 거리를 둘 수 있는 능력을 상실하게 되면 사
람들은 그들의 내면에 들끓는 공격성이나 성적 욕구에 무방비한 채
로 직면하게 되고, 그 결과 극심한 공포나 분노의 폭발로 이어지게
된다. 시장 바닥에서는 사람들의 폭소와 손뼉을 유도해내던 장생과
공길의 광대극이 왕의 궁궐 안에서 피비린내 나는 아수라장으로 변
하는 이유가 여기에 있다.

　　사실 놀이판의 주된 주제는 권력에 대한 조롱과 풍자, 그리

고 금지된 성적 욕망의 표현과 같은 것들이다. 윗사람을 놀리는 것처럼 재미있는 일이 또 어디 있겠는가? 특히 그 사람이 평소 우리를 벌벌 떨게 하는 무소불위의 권력과 힘을 가진 자라면 말이다. 더구나 현실에서는 결코 그런 일이 벌어질 수 없기 때문에, 놀이판 위에서는 더더욱 흥미로운 주제가 된다. 또한 그것이 나 혼자만의 생각이 아니라 그것을 보고 있는 모든 구경꾼들의 공통된 감정이라면 웃음에 대한 책임도 희석될 수 있다. 여기에 놀이판의 중요한 기제가 또 하나 있다. 바로 초자아의 검열을 잠시 군중 속에 묻어두는 것이다. 그래서 자유로워진 자아가 죄책감이나 두려움 없이 마음껏 원하는 것을 하도록 잠시 내버려 두는 것이다. 즉 이 모든 것은 '자아의 허용범위 안에서의 퇴행'인 셈이다.

　　놀이판에서 또 다른 중요한 소재는 금지된 성적 욕망이다. 광대는 일시적으로 도덕적 면죄부를 받아 모든 원초적인 표현에 자유로워진다. 성기는 과장되게 노출되고, 구강적이며 파괴적인 성적 욕동trieb이 노골적인 연극놀이 안에서 분출된다. 그리고 이를 보는 구경꾼은 손뼉을 치며 그들의 관음증적 욕구를 충족시키고 성적 욕망을 대리 만족시킨다. 즉 광대와 구경꾼 모두 쾌락원칙이 지배하던 유아적 상태로 퇴행하여 원초적 욕망을 자아의 통제로부터 풀어놓는 것이다. 프로이트는 이러한 현상에 대해 '모든 유머는 유아화로 다가간다'고 설명했다. 놀이판은 이처럼 집단적인 퇴행을 이끌어내어 유년 시절 포기했던 '쾌락원칙pleasure principle'이 우세하는 세상을 다시 한번 끌어내 사람들의 내부에 쌓여있던 본능적 욕구를 분출해준다.

또한 동서고금 막론하고 광대극이 사람들을 빨아들이는 데에는 놀이판을 통한 퇴행과 억압된 충동의 표현 외에도 또 다른 요소가 있다. 광대극에서의 기이하고 우스꽝스러운 행위는 고백과 자기에 대한 모욕, 자기 처벌의 의미를 같이 지닌다. 그럼으로써 관객의 초자아의 욕구가 동시에 만족된다. 즉 광대놀음을 통해 많은 정신적 욕구가 동시에 충족될 수 있다는 것이다. 광대놀음을 통해 많은 본능적 욕동가 방출되지만, 이것은 자아를 제압하지 않고 오히려 안전한 자아의 지배하에 있게 한다. 즉 놀이판을 동하여 다른 때같으면 불안과 죄책감을 야기할 내면의 욕동들을 적절히 방출하고 충족시킬 수 있는 것이다.

하지만 이러한 이유로 사람들은 광대를 꺼리며 부인하기도 한다. 놀이판에서 사람들이 채 꺼내 보일 수 없는 욕망을 대리 충족시켜주기 때문에 도리어 현실에서는 역설적으로 무능하고 천대받는 존재로 취급받게 된다. 〈왕의 남자〉에서는 바로 이런 광대와 광대극이 허구라는 반 허공을 이탈하여 땅 위에 발을 디딘 상황을 보여준다. 현실이 되어버린 놀이는 광대와 관객 모두를 혼란에 빠뜨리고 결국은 파괴하고 만다.

영화 〈왕의 남자〉를 들여다보면 그 안에는 세 명의 왕이 존재한다. 첫 번째 왕은 바로 광대의 왕인 장생이다. 그는 속박을 거부하고 자유로운 삶을 추구하며 예술가로서의 광대의 삶을 사랑한다. 심지어 죽음을 앞에 두고도 '다시 태어나도 광대로 태어나겠다'

며 자신을 눈멀게 한 왕에게 심리적 승리를 쟁취하는 인물이다. 그러나 그는 실제로는 왕을 웃겨야 살 수 있으며, 결국에는 왕에게 자신의 남자를 빼앗기고 마는 힘없는 신분에 그칠 뿐이다. 그는 결국 극 내에서만 공길을 사랑할 수 있으며, 현실에서는 두려움을 눈 속 깊이 숨겨야 하는 천한 광대에 불과하다.

두 번째로 영화 속의 왕인 연산군은 겉으로 보기엔 막강한 권력의 소유자다. 그러나 실제로는 선왕의 그림자에 갇혀 사사건건 신하들에게 제지당하며 아무것도 할 수 없는 나약하고 외로운 인물이기도 하다. 그는 자기 앞에서 벌어지는 무례한 광대극을 보고 웃음을 터뜨린다. 그는 왜 왕을 모욕하는 광대극을 보고도 그들을 살려주었을까. 여기에는 왕의 복잡한 심리가 작동한다. 우선 왕은 광대와 자신을 동일시한다. 무엇이든 할 수 있는 것처럼 큰소리치지만 실제로는 고작 왕의 흉내만 낼 수 있는 자신과 그런 자신을 흉내내는 광대. 거기에 연약하고 보호와 사랑이 필요할 것 같은 공길은 연산군 자신의 거세된 여성적 모습과 비슷하다. 또한 공길은 남성들에 의해 운명이 결정되었던 왕의 죽은 어머니가 가진 이미지이기도 하다. 그는 광대들에게 친근함과 연민을 느낀다.

그러나 여기에는 이러한 동일시의 기제 외에 또 하나의 중요한 심리 기제가 작용하고 있다. 바로 왕의 마조히즘(피학증)이다. 아버지를 거세시키고자 하는 욕구와 이에 대한 자기 징벌로서의 가학-피학증sado-masochism은 이 영화 전반에 걸쳐 나타난다. 이를테면 광대 장생이 왕을 조롱하고 거세시키지만 그것 때문에 결국은 눈이

멀고 죽게 되는 장면, 그것은 마치 아버지를 죽이고 어머니를 차지한 오이디푸스 왕이 그 벌로써 스스로 눈을 찌른 것을 연상시킨다. 또한 연산군 자체가 심한 가학-피학적 성격의 소유자다. 공공연한 장소에서 아버지의 전 부인들을 죽이고 할머니를 밀쳐 죽음에 이르게 하는 등의 잔인성을 보이는 연산군은, 그러한 자신에 대한 두려움과 죄책감으로 인해 끊임없이 자신을 학대한다. 그래서 그는 자신을 풍자하는 광대극에 웃음을 터뜨린다. 그리고 자신을 죽이러 오는 반란군의 함성에도 자신을 배반한 광대들의 줄타기 놀이를 보면서 묘한 웃음을 띤다. 왕의 이러한 성향을 잘 파악하고 이를 충족시켜주어 왕을 자기 치마 속으로 가두는 사람이 바로 장녹수라는 여인이다. 이 영화의 주인공 모두가 결국 상징적인 자살로 생을 마감하는 것이 바로 이 영화에 흐르는 마조히즘을 잘 설명해준다.

마지막으로 이 영화에서 또 하나의 왕은 바로 관객이다. 왕을 웃겨야 광대들이 살 수 있듯이, 영화는 관객인 왕을 울고 웃게 해야 그 생명을 지속할 수 있다. 광대들이 왕의 삶을 풍자하듯이 사실 영화는 관객들의 삶을 풍자하고 비추어낸다. 관객은 영화 속의 인물들을 통해 자신의 모습을 발견하고 이를 보고 울고 웃으며 카타르시스를 경험한다. 연산군의 '왕의 남자'는 공길이었지만, 관객들은 각각 또 다른 왕의 남자를 찾아냈을 것이다. 바로 이 점이 이 영화가 다양한 연령층의 관객을 확보할 수 있었던 이유가 아닐까. 보호가 필요한 듯 연약해 보이는 중성적 이미지의 공길은 한창 성적 정체성을 포함한 정체성의 혼란을 겪으며 세상에 한 발을 내딛

으려 하는 10대, 20대의 갈등과 불안을 담는다. 세상의 틀에 저항하고 자유를 꿈꾸는 장생은 청장년층의 꿈과 좌절을 표현한다. 권력을 가졌으나 힘이 없고, 운명이란 사슬에 이끌려 감정을 억압하고 사는 왕은 중장년층의 절망과 슬픔을 담아낸다. 관객들은 각자 왕으로서 자신의 '왕의 남자'를 영화 속에서 발견한다.

그러나 실제로는 결국 영화 속의 주인공 누구도 진정으로 왕답게 살고 있지 않다. 모두 주변의 사람들이나 상황에 의해 통제되고 압박당하는, 왕이지만 왕이 아닌 사람들이다. 이런 점에서 이 영화는 현대 사회의 시스템 안에서 그 시스템을 통제하고 있는 듯 보이지만 실은 그 시스템에 의해 통제당하고 있는 현대인들의 무력감과 자괴감을 표현하는 것처럼 느껴지기도 한다. 이들의 꿈은 영화 마지막 장면에서처럼 꿈속에서나 가능한 일처럼 비춰진다.

한편 이 영화에는 또 한 명의 의미 있는 '왕의 남자'가 등장한다. 바로 환관인 처선이다. 그는 연산군의 충신으로서 방황하고 신하들에게 짓눌리는 연산군을 위해 광대를 궁궐 안으로 끌어들인다. 그리고 사람들에게 보여지는 왕의 모습을 왕 앞에 직면시킨다. 아마도 그는 이를 통해 왕이 자신의 모습을 깨닫고 녹수의 치마폭에서 빠져나와 진정한 왕으로서 거듭나기를 바랐던 것 같다. 그러나 그의 이러한 노력은 비극으로 마감한다. 자아가 약하고 아직 자신을 대면할 준비가 되어있지 않은 왕은 광대극을 보면서 끝없이 퇴행한다. 그리고 절제되지 않는 폭력적 공격성을 쏟아내고, 어린아이같이 굴며 '놀자'고 끝없이 공길을 보챈다. 공길에 대한 그의 마음은 매우 복잡한 듯 보인다. 거기에는 자신과의 동일시를 통한 자기 연민, 친밀감에 동반되는 동성애적 욕구, 친구가 필요한 소년의 외로움이 절절히 묻어난다. 이 둘의 관계는 사랑과 우정 사이를 아슬아슬하게 줄타기한다. 결국 치료자로서의 처선의 노력은 실패하고 더 큰 비극을 불러왔다. 이것은 정신분석에서 환자가 준비 안 된 상태에서의 너무 이른 해석이나 직면은 환자를 퇴행시키고 치료에 부정적 영향을 주는 것과 마찬가지라 할 수 있다. 그리고 그 역시 자살로 자신의 생을 마감한다.

영화 〈왕의 남자〉는 자신이 있어야 할 빈 허공에서 내려온 광대들의 슬픔과 그 광대들이 조롱했던 왕의 슬픔이 치밀하게 얽혀있는 모습을 보여준다. 누가 왕이고 누가 광대인가? 누가 왕이며 그의 남자는 과연 누구인가? 누가 누구를 웃기며, 누가 누구를 거세시켜 버리는가? 거세된 왕과 광대들의 슬픔, 광대 같은 왕과 왕 같은 광대들의 우정과 사랑이 아슬아슬하게 줄타기하며 서로의 꼬리를 물고 끝없이 돌고 있다.

5.

우리는 사회와
어떻게 만나고 있을까

아들아,
가장 좋은 계획은 무계획이란다

- 〈기생충〉,
봉준호, 2019.

　　나는 그동안 열심히 살아왔다고 나름 자부하고 있었다. 그런데 언제부터인가 점차 걷는 게 힘들어지고 몸이 마음대로 움직이지 않았다. 무엇보다 가장 큰 문제는 자꾸 넘어진다는 것이었다. 그러다 보니 몸에 상처가 아물 날이 없었고 하마터면 눈을 크게 다쳐 큰일이 날 뻔한 적도 있다. 오른쪽 어깨는 습관적 탈골 때문에 수술을 받기도 했다. 그래서 이후 내 옆에는 항상 간병인이 붙어 다니게 되었고, 언제부턴가 누군가의 도움 없이는 혼자 일어서는 것도 힘들어졌다.

　　점차 나에게 일어난 일련의 변화들은 나를 무기력하게 만들었다. 오랜 간호에 지친 가족들의 짜증 섞인 반응을 볼 때면 내가 저들에게 무용지물인 존재가 된 것이 아닌지, 또 내가 가족들의 피를 빨아먹는 기생충 같은 존재가 된 것이 아닌지 생각하게 되는 날들도 있었다.

이런 복잡한 마음이 한창일 때 마침 봉준호 감독의 영화 〈기생충〉이 개봉했다. 이 영화는 천만 관객 돌파는 물론 칸 영화제에서 한국 영화 최초로 황금종려상을 수상하며 엄청난 화제를 모았다. 그럼에도 막상 영화를 보고 나서는 기분이 그리 좋지 않았다. 영화를 보고 나서 작품으로서의 완성도와는 별개로 어쩐지 마음에 찜찜한 감정이 남는다고 평하는 사람들도 적지 않았던 것을 보면, 이 영화는 어딘가 우리의 불편함을 예민하게 자극하는 구석이 있는 듯하다.

우선 영화에서 직관적으로 기생충을 떠올리게 하는 기택의 가족은 사실상 기생충이라기보다는 사기꾼에 가깝다. 이들은 충분히 사회에서 일을 하고 적응할 수 있는, 즉 다른 사람에게 피해를 주지 않고도 독자적으로 생존할 수 있는 능력을 가지고 있는 사람들이다. 하지만 이들은 더 나은 삶을 원하면서도 정당한 방법으로 차근차근 신분 상승을 꾀하려 하지 않고, 오히려 손쉽게 포기해 버린다. 별다른 야심이나 계획 없이 다 같이 둘러앉아 피자 박스만 접는 기택 가족의 모습은 교훈적으로 보자면 바람직하지 않을지도 모르지만, 한편으로는 팍팍한 오늘날을 살아가는 우리가 공감하게 되는 부분도 있다.

사실 이전 세대만 해도 신분 간의 격차라는 게 개인의 노력에 따라 넘을 수도 있는 벽이었다. 하지만 현대에 이르러서는 어떤가. 사실상 태어나서부터 빈부에 따라 아이들이 겪게 되는 환경의 차이가 너무 커서 성장할수록 오히려 그 격차는 더더욱 벌어지는 게 현실이다. 마치 인도의 카스트제도처럼 그 격차를 뛰어넘기 어려워서 개개인이 아무리 열심히 일한다 해도 지하 단칸방에서 부자 촌으로의 승급은 거의 불가능에 가깝다고 봐야 한다. 영화에서 이런 가난한 이들은 '냄새'로 이미 그룹화된다.

〈기생충〉에서 기택 가족과 대비되는 박 사장의 부자 가족은 오히려 착하고 순진한 인물들로 묘사된다. 그들은 사람을 쉽게 믿는다. 그러나 잘 들여다보면 사실 그들이 믿는 것은 그들과 같은 세상에 속해있다는 걸 보여주는 위조된 학벌이나 고급스럽고 세련된 금박의 명함 같은 것들이다. 반지하까지 끝없는 계단을 내려가야 만날 수 있는 그들 바깥세상의 삶은 그들이 접할 일도 없고, 접할 필요도 없는 별개의 세계다.

그러나 자신도 모르는 사이에 그들의 세계에 바깥세상의 한 가족이 침투해 오기 시작한다. 이들 가족의 목적은 돈을 벌어 부자가 되는 것도 아니고, 성공해서 명예를 얻는 것도 아니며, 사실 아무것도 아니다. 단지 하루 벌어 맛있는 것을 먹을 수 있으면 그뿐. 이들의 철학은 기택의 반복적인 대사로 압축된다.

"세상에서 제일 좋은 계획이 뭔 줄 아니? 그건 바로 무계획이야. 계획대로 되는 건 아무것도 없거든."

그런데 부자 가족에게 빌붙는 기택 가족이 아닌 진짜 기생충의 정체가 드러나며 진짜 반전이 나타난다. 이 집의 비밀 지하실에 빚쟁이에게 쫓겨 숨어 살고 있는 인물이 있었다는 사실이 드러나는 것. 가정부였던 문광의 남편인 근세는 지하실에 숨어 아내가 몰래 빼돌린 음식으로 연명하며 말 그대로 그저 생존만을 이어가고 있다. 아무것도 하지 않고 하루 세 끼의 밥에 만족하며, 이런 상황을 가능하게 해준 집주인을 찬양하며 살고 있는 것이다.

이렇게 각기 자신들의 방식으로 생존을 이어오던 가족들은 기생충끼리 서로 자리를 빼앗기지 않으려는 싸움으로 전부 풍비박산이 나버린다. 무엇보다 박 사장에게 기생하고 심지어 그런 삶을 가능하게 해준 그에게 감사하며 살던 근세가 영화 끝자락에는 정원에서 열린 파티에 난입하여 기택의 딸이자 가정교사인 기정을 찌르고, 파티를 아수라장으로 만든다는 점이 인상적이다. 그 와중에 설상가상으로 조금씩 쌓여온 열등감과 분노를 이기지 못한 기택이 박 사장을 칼로 찌르고 도주하는데, 이 역시 충격적이면서도 흥미로운 결말이다. 인디언 추장으로 분장한 박 사장은 기택과 근세 가족을 먹여 살리는 숙주의 역할을 하고 있었음에도, 왜 그들은 박 사장의 세계를 공격하고 끝내 죽여야 했을까.

이는 마치 프랑스혁명을 연상시키는 부분이 있었다. 기택 가족이 아무리 애써도 그들은 결코 박 사장이 속한 부자들의 세계에 편입될 수 없을 것이다. 아무리 치밀한 계획을 세워도 기택 가족에게 허락된 영역은 어디까지나 선을 넘지 않는 지점까지다. 그 와중에 박 사장은 그 아수라장 속에서도 기택의 '냄새'에 인상을 찡그린다. 불공평과 차별이 심하고 이것이 개선될 여지가 없어 보일 때, 결국 기생충처럼 보였던 힘없는 존재의 분노도 폭발하기 마련이다.

〈기생충〉의 결말은 아무리 힘겨운 삶이라도, 가지고 있는 모든 것을 빼앗기더라도, 그래도 내 인생을 디자인할 수 있는 최소한의 자유는 남겨두어야 한다는 사실을 떠올리게 한다. 인간이 인간으로서 살기 위한 최소한의 공간과 여유, 존엄성이 없다면 그 어떤 세계도 견고하게 유지될 수 없을 것이다. 기생충이 역설하는 인간다운 삶, 어쩌면 이러한 메시지가 사람들이 이 영화를 불편해하면서도 한편으로는 열광했던 이유가 아니었을까 싶다.

결국 숙주와 기생충의 아슬아슬한 공생이 무너진 뒤 기택은 다시 가장 기생충에 가까운 삶으로 돌아가게 되고, 아들 기우는 그를 언젠가 해방시키기 위한 계획을 세운다. 그 계획은 이론적으로는 그럴 듯하나 한순간 눈앞을 가렸다 흩어지는 안개처럼 요원해 보인다. 계획을 세워봤자 실현할 길이 없는 기생충의 삶, 때문에 무계획이 최선일 수밖에 없었던 그들의 마지막 계획은 과연 이루어질까.

우리가 개인으로
혹은 집단으로 존재할 때

- 〈공동경비구역 JSA〉,
박찬욱, 2000.

영화 〈공동경비구역 JSA〉는 남북 평화에 대한 관심이 한창 온 매스컴과 정치판을 뜨겁게 달구고 있을 때 묘하게 시기를 맞추어 등장한 박찬욱 감독의 세 번째 작품이다. 남북 문제를 개인 간의 감정적 갈등과 화합이라는 관점에서 풀어가면서, 체제 안에 속박될 수밖에 없는 인간관계와 감정적 측면을 풍부하게 그려냈다. 정치적 상황이나 분단에 대한 배경은 차치하더라도, 영화에 내포된 인간의 심리와 우리 사회가 사용하는 방어기제의 측면에서도 많은 의미를 발견할 수 있는 영화다.

사회란 여러 사람이 모여서 이룬 집단을 말한다. 사람들은 사회 속에 살면서 자신의 내적 갈등을 밖으로 밀어내어 다른 사람이나 집단 혹은 어떤 사회적 이데올로기에 투사시키기도 한다. 그리고 그렇게 만들어진 외적 대상이 자신의 정신 내부의 한 기능을 맡도록 하는데, 이를 정신분석적 용어로 외재화externalize라 한다. 이러한 메커니즘을 통해 사람들의 무의식은 사회를 구성하고 움직이게 만든다. 따라서 한 사회는 그 시대를 살고 있는 사람들의 집단적 무의식이 투사되어 있는 장소라 할 수 있다. 모든 사회는 개인과 마찬가지로 각각의 심리적 구조를 가지고 같은 법칙에 따라 움직이며 기능하게 된다. 즉, 개인은 결코 사회로부터 자유로울 수 없으며, 사회 또한 개개인의 존재로부터 결코 자유로울 수 없다.

한 나라의 민족성도 개인의 인격 발달과 마찬가지로 수백, 수천 년의 시간을 지내오면서 성장하고 발달한다. 그리고 지나온 역사 속에서 나름대로의 적응 방법과 방어기제를 형성하게 된다. 사람들은 그 나라의 기후와 지형적 조건부터 경제적, 정치적으로 얼마나 안정적이었는가, 또 그 나라를 유지시켜 온 가치관과 이념은 어떠한가 등 다양한 요소에 의해 영향을 받아 삶의 방식을 만들어간다. 그러한 과정이 쌓여가며 한 나라의 민족성이 형성되고 발달하는 것이다.

이러한 측면에서 보면 우리 사회의 다소 불안정한 사회적 심리 구조에 대해서도 어느 정도 이해할 수 있게 된다. 우리나라는 급격한 기후 변화 속에서 적응하면서 남을 포용하지 못하고 상당히 배타적인 성향을 띠었다. 그러면서도 혼자 있지 못하고 항상 집단 속에 들어가야 하며, 마치 그 집단이 자신의 확장self-extension인 것처럼 반응하는 취약한 자기감self과 정체성의 문제를 가지고 있다.

또한 모든 것을 좋고-나쁨의 이분법적 구조로 보고 평가하는 분열 splitting의 방어기제가 나타난다. 유교적 엄격함과 충동적이고 감정적 성향이 서로 엎치락뒤치락하며 벌어지는 구강적 의존성이 두드러지는 자학적 성향의 사회다.

이를 개인의 인격 구조에 비유한다면 아직 미숙한 인격 구조 단계를 지나고 있다고 할 수 있을 듯하다. 이 단계가 미숙한 사람은 자신의 내적 갈등을 스스로 해결하는 힘이 취약하며, 따라서 자신의 내적 갈등을 외재화하여 그것을 조정하고 통제하려고 한다. 마찬가지로 취약한 구조의 사회 역시 내부의 갈등이나 문제를 외부로 밀어내어 다른 대상에게 자신의 속성을 떠맡김으로서, 내재하고 있는 그 사회의 갈등이나 문제를 해결하고 통제하고자 하는 모습을 보인다. 일종의 사회적인 투사적 동일시projective identification 현상이다.

그 결과 우리는 항상 전쟁과 분열 속에서 살아야 했으며, 현재는 남북 분단이라는 국가 체계의 분열 속에서 살고 있다. 이유야 어떻든 이러한 현실은 다시 그 사회의 심리에 영향을 주어 원래 그 사회가 가지고 있던 속성을 더욱 강화시킨다. 만일 그 사회의 자아가 자신을 돌아보고 통찰할 수 있는 힘이 약하다면 말이다.

지금은 우리가 좀 더 명료하게 우리 사회가 지닌 분단이나 휴전과 같은 문제에 대해서 인식할 수 있게 되었지만, 내가 어릴 때는 학교에서 북한 사람이 마치 외계인이나 괴물쯤 되는 것처럼 가르쳤다. 그래서 북한 사람은 얼굴이 새빨갛게 생긴 줄 알았고, 언젠가 우리 얼굴도 파랗게 변하는 게 아닌가 하는 걱정을 하기도 했다.

실로 대단한 교육과 세뇌의 결과라 볼 수 있겠다. 차츰 북한 사람도 우리와 같이 평범하게 생긴 비슷한 존재라는 것을 알게 되었지만, 그래도 여전히 북한 사람들은 가난하고 불쌍하거나 혹은 위험하다는 편견을 떨치지 못했다. 그러다 철이 들 무렵 북한 사람에 대한 무한한 동정심과 죄책감이 현 우리 사회가 가지고 있는 모순에 대한 분노와 부딪치면서 한때 극단적인 이상주의에 심취하기도 했고, 무엇이 옳고 그른지에 대한 혼란이 나의 정체감에 대한 혼란과 맞물려 나를 더 힘들게 했던 기억도 난다.

영화 〈공동경비구역 JSA〉는 이전과는 다소 다른 시각으로 남북 문제에 접근했다. 판문점 공동경비구역 내에서 일어난 사건을 중심으로 하되 남북 문제가 아니라 남과 북에 살고 있는 사람들의 문제로 이야기를 풀어가면서, 우리나라가 지금까지 안고 왔던 상처를 조심스레 들추어낸다.

영화는 북측 초소에서 총성이 울려 퍼지며 시작한다. 북한 병사 둘이 사살되고 남한 병사 하나가 총상을 입은 가운데 남과 북은 서로 다른 주장을 펼친다. 북측에서는 갑자기 초소에 들이닥친 이수혁 병장의 기습 테러 공격이었다고 하고, 남측에서는 북에서 이수혁 병장을 납치했으며 탈출 과정에서 북한군을 죽이게 되었다고 하는 입장이다. 결국 중립국감독위원회 책임 수사관으로 파견된 한국계 스위스인 소피가 사건의 진실을 하나하나 캐가면서 사건의 진상이 조금씩 드러나게 된다.

서로 상반된 주장을 하고 진실을 은폐하여 소피가 수사에 어려움을 겪는 도중 영화는 장면을 과거로 돌려 그들의 첫 만남과 총격 사건까지의 과정을 보여준다. 이수혁 병장은 비무장지대를 수색하던 중에 지뢰를 밟아 대열에서 낙오되었다가, 북한군 중사 오경필과 전사 정우진의 도움으로 위기를 벗어나게 된다. 이를 계기로 그들은 서로 편지를 주고받고, 심지어 군사 분계선을 넘어 친해지며 우정을 나누게 된다. 그러던 어느 날 북한 장교가 그들이 함께 있는 모습을 발견하고 만다. 이들은 갑작스러운 상황에 서로 총을 겨누게 되고, 긴장감이 고조되는 와중에 우발적인 총격을 시작으로 결국 정우진이 죽고 오경필도 총상을 입는다. 오경필의 냉정한 분석과 지시로 상황이 정리되며 사건은 일단락되지만, 다들 자신의 행동에 대한 혼란과 죄책감이 진득하게 남아 각자의 결말이 암울하게 이어진다.

개인과 개인으로 만났을 때는 군사분계선을 넘은 우정을 나눌 수 있었지만, 결국 남과 북이라는 분단된 체제에 속박되어 있는 한 이들은 서로를 적대할 수밖에 없는 운명이었다. 북측 초소에서 남북 병사들이 만나 농담을 주고받으며 화기애애하다가도 통일이나 월남에 대한 이야기가 나오면 단호하게 입장을 고수하는 오중필 중사의 캐릭터도 개인에게 사회적인 이념이 얼마나 큰 비중으로 영향을 미치는지 짐작할 수 있다. 애초에 친구가 되지 않았다면 어땠을까, 아니 우리가 분단국가가 아니었다면 이들은 다른 장소에서 다른 인연으로 만나지 않았을까. 이 영화는 어느 쪽의 이데올로기에 편향되어 초점을 맞추기보다 개인의 심리와 감정적인 부분을 주

로 그려내고 있지만, 그 뒷면에 자리 잡은 민족의 분단을 보지 않을
수 없는 관객들에게는 나름대로의 쓸쓸함을 남긴다.

시대의 상처는
누구도 비껴가지 않는다

- 〈박하사탕〉,
이창동, 1999.

　　영화는 다양한 얼굴을 가지고 있다. 그것은 꿈의 스크린으로
서 우리의 환상과 욕망이 투영되어 나타나는 유희적이며 실험적인
장소가 되기도 하고, 때론 우리의 모습을 기록하고 비추어주는 냉
철한 거울의 역할을 하기도 하며, 또 때론 세상과 인생에 대한 우리
의 이해를 펼치는 장이 되기도 한다. 영화는 시간적 요소를 공간에
펼쳐내어 보는 사람으로 하여금 시공을 초월한 여행과 체험을 가능
케 한다는 점에서, 또 시공간적으로 멀리 떨어져 있는 사람들이 동
시에 같은 것을 보고 느낄 수 있게 한다는 점에서 현대인에게 대표
적인 예술 장르로 자리 잡았으며 우리에게 또 하나의 중요한 문학
적 텍스트로서의 기능도 하고 있다. 많은 사람이 영화를 보면서 인
생을 즐기고 그들의 불안을 대적하며 자신과 세계에 대한 이해를

넓혀나간다.

한편 영화에는 치유의 힘이 있다. 과거의 상처를 묘사하고 재경험하여 과거의 아픔을 달래고 통합하는 과정에서 오는 힘이다. 이는 다른 모든 예술이 가지는 속성과도 유사하다. 많은 예술가가 그들이 아동기 때 경험했던 충격적인 경험들을 유희와 재상연이라는 기전mechanism으로 예술적 작업을 통해 승화시킨다. 이러한 예술 작품들은 두 가지 방법으로 그 충격을 반영하는데 하나는 예술가의 경험을 문자 그대로 재창조하는 것이고, 다른 하나는 그때 경험한 무기력과 갇힌 느낌, 공포의 감정 등의 색조를 표현하는 것이다. 그리고 이러한 공포의 감정은 관객들에게도 비슷한 두려움의 감정을 불러일으키게 된다.

예를 들어 작가 에드거 앨런 포는 세 살 때 작은 골방에서 어린 여동생과 함께 얻어맞고 죽은 어머니와 그 죽음을 지킨 하룻밤의 기억을, 화가 르네 마그리트는 열네 살에 물에 빠져 자살한 어머니의 시체에 대한 기억을, 영화감독 알프레드 히치콕은 다섯 살 때 잠시 갇혔던 감옥에 대한 두려움의 기억을, 또 스웨덴의 영화감독 잉마르 베리만은 다섯 살에 보았던 환영과 옷장 안에 갇혔던 기억 등을 지닌 채 그것을 문학과 그림, 영화 안에 반복적으로 표현했다.

그리고 이러한 상처는 개인적인 것뿐만 아니라 사회적이고 시대적인 문제에도 해당된다. 실제로 크고 작은 사회적 사건들이 종종 예술의 소재로 사용되어 왔다. 그리고 그러한 예술적 표현을 통해 우리는 그 사건을 이해하고 재통합하며 소화할 수 있다. 영화

〈박하사탕〉도 그런 맥락의 영화 중 하나로 이해할 수 있겠다.

〈박하사탕〉은 우리나라 근현대사에서 빼놓을 수 없는 1980년 광주 민주화 운동부터 1997년 IMF까지의 굵직한 사건들을 배경으로 그 시대를 관통한 한 개인의 정신병리를 다룬 영화다. 여기서 주목할 점 중의 하나는 광주 민주화 운동이라는 엄청난 시대적 사건이 20년이 지난 후에야 비로소 영화화되었다는 것이다. 물론 정치적 상황이나 검열이라는 현실적 요소에 대한 고려도 하지 않을 수 없지만, 또 한편으로는 우리 사회에서 자주 사용되는 과거 사건에 대한 왜곡과 억압, 부정과 분열, 투사 등의 미성숙한 방어기제도 한몫하는 까닭이 아닌가 싶다. 20년쯤 지나서야 우리는 조심스럽게 이러한 사건들을 영화화하기 시작했고, 또 앞으로도 다양한 각도에서의 접근이 필요하리라 본다.

1999년 봄, 한 남자가 비틀거리며 어느 강가의 철교 위에 올라가 절규하는 모습으로 이 영화는 시작된다. 무슨 영문인지 실성한 듯 울부짖는 남자가 가진 슬픔은 그 슬픔의 정체를 파악하기도 전에 관객들에게 강렬한 감정으로 밀려든다. 미국의 어느 분석가는 영화는 어찌할 수 없는 그들의 감정을 화면 밖으로 밀어내어 관객들에게 파고들게 하는 힘이 있으며, 이를 영화가 가지는 투사적 동일시의 능력이라 했는데 바로 이런 순간을 말하는 듯하다. 그렇게 남자가 철교 위에서 그 유명한 대사 '나 다시 돌아갈래!'를 외치며 자살하려는 순간으로부터 영화는 차근차근 과거로 거슬러 올라가 약 20년 전의 소풍 장면까지 총 7개의 장을 보여준다.

이 이야기의 전개 과정은 마치 정신치료 과정과도 유사하다. 정신치료를 진행하면서 과거의 모습과 갈등 등이 드러나는 과정을 흔히 양파 껍질 벗기는 과정과도 같다고 설명한다. 한 꺼풀씩 벗겨내며 내면으로 들어가는 동안 혼미했던 감정과 갈등이 명료해지고, 이전 상황과 뒤에 일어난 상황의 연결점이 이해되고, 결국에는 가장 안쪽에 위치한 자신의 참모습을 찾고 그를 받아들이게 되는 과정. 그래서 이 영화는 관객을 영화 속으로 끝까지 흡입해내는 힘을 발휘하게 된다.

주인공 영호의 삶은 마치 허공을 떠다니는 듯하다. 몇 차례 상황이나 환경이 바뀌긴 하지만 어떠한 삶도 그를 땅에 발붙이게 하지 못하고, 생활의 아이러니가 무표정하게 펼쳐지며 그 와중에 삶의 아름다움에 대한 메시지 역시 아이러니컬하게 부딪친다. 그리고 지독한 고독과 단절이 벌레처럼 스믈스믈 기어오르기 시작한다. 이 영화의 중요한 코드 중 하나는 바로 외로움이다. 그건 비틀거리며 철로 위로 올라가는 영호의 뒤로 들려오는 '닐리리맘보'의 곡조 위에서, 빼꼼 열린 문 틈새로 간신히 강아지나마 쓰다듬고 돌아서야 하는 영호의 뒷모습에서, 묵묵부답으로 마음의 문을 닫고 열어주지 않는 영호를 두고 외도하는 부인의 기도에서, 기꺼이 순임의 역을 맡아 영호의 슬픔을 달래주고 싶어 하는, 그렇게 자신의 외로움도 달래고자 하는 군산 찻집 '물망초' 아가씨의 기다림에서, 사랑하는 사람을 만나지 못하고 돌아서 나오는 순임의 발걸음에서 뚝뚝 묻어나온다. 그리고 벌거벗은 채로 돌아누운 두 남녀의 알몸 위를 유령처럼 감싸는 고독 또한 우리가 얼마나 단절된 삶을 살아가는지, 그리고 그 단절을 피하고자 얼마나 헛된 발버둥을 치는지를 노래하고 있다.

더불어 영화에서 느껴지는 또 다른 중요한 감정은 두려움이다. 사람은 때로 두렵기 때문에 광폭해진다. 환자를 치료할 때에도 종종 난폭한 환자 안에 있는 두려움을 발견하는데, 그 두려움 때문에 그들이 조절 능력을 잃거나 두려움에 대한 두려움으로 더욱 난폭해지는 모습을 볼 수 있다. 겁쟁이라서 더 잔인해지는 어떤 사람들은 두려움에서 필사적으로 도망치기 위해 탈출구 없는 탈주를 시도하기도 한다. 영호는 본래 겁도 많고 어눌하면서 순박한 사람이었던 것 같지만, 시대는 그런 그를 비껴가주지 않는다. 1980년대까지 거슬러온 영화 속, 광주 민주화 운동에서 부대 임무를 수행하던 그는 한 여학생을 도망가게 해주려다가 의도치 않게 총을 쏴서 여학생을 죽이고 만다. 이때 곧 부대 전체가 긴급하게 출동하며 영호가 실수로 떨어뜨린 박하사탕들이 사방으로 흩어져 짓밟히는데, 첫사랑 순임이 건네준 박하사탕 하나에 행복해하던 영호의 운명은 그렇게 이미 삐걱이기 시작했다.

그렇게 영화는 현재에서 과거로 거슬러 올라가며 순임과 순수한 사랑을 나누던 1979년의 어느 날까지 보여준 뒤에 다시 현시점으로 돌아오며 한 바퀴 원을 그린다. 모든 걸 되돌리고 싶은 영호의 절규는 우리가 원처럼 빙 돌아 제자리로 온 것 같아도 거쳐온 기억과 시간을 담고 있는 한 똑같은 원점이 아니라는 걸 생각하게 한다. 더불어 영화가 끝난 뒤에는 우리에게도 이런 영화가 가능해졌다는 사실에 나도 모르게 감탄사를 내뱉게 됐다. 진작 만들어졌어야 하는 영화가 그걸 받아들일 수 있는 시대와 감독과 배우를 만나 이제야 꽃피었구나. 우리 사회의 병폐인 편 가르기를 하거나 모든 것을 좋고 나쁨의 극단적인 이분법적 사고로 나누지 않고도 우리의 아픔을 받아들이고 껴안을 준비가 되었구나. 그 깊은 외로움과 두려움을 이길 방법은 우리의 잘못을 인정하고 끌어안는 것이라는 걸 우리도 알아가고 있는 것이 아닐까.

〈박하사탕〉을 보고 나면 이창동 감독이 펼친 한 편의 마술에 푹 빠져들었다 나온 듯한 느낌이 든다. 한석규에 이어 설경규라는, 당시 신인이었던 배우를 그토록 미치게 만들고, 또 우리를 이렇게 밤새 뒤척이게 만들다니 말이다.

우리 사회는 왜
조폭 영화에 열광했을까

- 〈신라의 달밤〉,
김상진, 2001.

영화는 시대적 산물이다. 다른 모든 예술이 그러하듯 그것이 제작되어 상영하는 동안 동시대 관객이나 사회적 흐름으로부터 자유로울 수 없으며, 당시의 시대상을 끊임없이 반영하게 된다. 그런 점에서 영화는 우리가 속하거나 혹은 속하고 싶은 '세계를 향한 창'이라고도 볼 수 있겠다. 그런데 우리나라에서는 2000년대 즈음 한동안 소위 '조폭 영화'가 유행처럼 연이어 등장하며 인기를 끌었다. 〈주유소 습격사건〉, 〈신라의 달밤〉, 〈조폭 마누라〉 등 이름만 들어도 알 정도로 흥행에도 상당히 성공한 작품들이 많았다. 조폭 영화가 이렇게 사람들의 관심을 끌었던 이유는 무엇일까.

사회란 결국 사람들이 모여서 이룬 집단이다. 사람들은 사회 속에서 자신들의 내적 갈등을 밖으로 밀어내어 다른 사람이나 집단, 혹은 어떤 사회적 이데올로기에 투사하여 그런 외적 대상이 나의 내면 일부를 맡도록 하는 경향이 있다. 이것을 정신분석적 용어로는 외재화라고 한다. 이렇게 사회는 사람들의 집단적 무의식을 통해 구성되고 움직인다고 할 수 있다.

개인의 인격 발달과 마찬가지로 사회나 한 나라의 민족성도 수백, 수천 년의 시간을 흘러오면서 함께 성장하고 발달한다. 그 나라의 기후나 지형적 조건과 경제적, 정치적 요소, 그리고 그 나라를 유지해온 가치관이나 이념 등 다양한 요소가 민족성을 형성하고 사회적 분위기에 영향을 미치게 되는 것이다. 그런데 우리나라는 사계절이라는 급격한 기후 변화는 물론, 끊임없는 외세의 침략, 또 내부적인 전쟁의 소용돌이 속에서 살아남기 위해 애써왔다. 경제 발전 이전에는 기본적인 굶주림을 걱정해야 했고, 외부적 힘이 가하는 간섭과 통제를 견뎌내야 했던 역사적 시기가 있었다. 그러다 보니 사회적으로 견고한 자기 체계를 확립하는 데에도 어려움을 겪을 수밖에 없었다.

이를 개인의 발달에 빗대어보자면, 내부적 안정성이 결여되어 있을 때에는 발달에 여러 가지 문제를 겪게 된다. 아이가 출생해 모든 것을 부모에게 의존하고 있을 때 부모가 적절하고 일관된 사랑과 보살핌을 주고 아이의 자율성을 존중해 주면 서서히 자신과 다른 대상에 대한 바른 개념과 신뢰를 확립해 나갈 수 있다. 그러나 이러한 과정 중에 자극이 과도하거나 부족한 경우, 혹은 자율성을 저해할 만큼 지나친 간섭과 통제를 받는 경우에 세상을 보는 아이의 관점에는 심각한 장애가 올 수 있다. 자신과 타인에 대해 건강하게 이해하고 관계를 맺지 못하고, 억압되거나 과대망상적인 모습을 드러내며 자신의 약점을 방어하려는 행동을 하기도 한다. 그런데 이러한 개인의 발달 과정 중에 일어날 수 있는 일이 우리 사회에서도 드러나는 듯하다.

사회가 충분한 자기 체계를 확립하지 못하고 불안정하면 당연히 많은 문제가 파생된다. 대표적으로는 사회적 분열, 쉽게 말해 편 가르기를 하는 것이다. 많은 것이 '아주 좋은 것'과 '아주 나쁜 것'의 이분법적으로 나뉘고, 극심한 이상화와 평가절하 사이를 오간다. 더 문제는 어느 쪽도 오래 지속되지 못하고 냄비처럼 화르르 끓었다가 또 금방 식어버린다는 것이다.

또 다른 문제는 집단주의다. 자아가 약한 사람은 혼자 서기 어렵기 때문에 항상 타인의 존재와 도움을 필요로 한다. 그래서 가족 구조는 물론 학연, 지연 등 여러 집단을 형성하여 움직이는 경우가 많다. 그러다 보면 집단에 대한 평가가 곧 나 자신에 대한 평가로 여겨지기 때문에 집단의 문제점을 비판하면 굉장히 격렬한 분노를 보이게 된다. 결국 독립적인 개체로서의 자신을 인정하기보다는 서로를 파고들며 얽힌 관계를 이루게 되는 것이다.

물론 우리나라 사람들은 어떤 목표가 있을 때 자신을 희생하면서까지 큰 힘을 발휘하는 기적을 만들어내기도 했다. 그 어려운 시절에 세계가 놀라는 한강의 기적을 이루어내고, IMF 시절에는 온 국민이 장롱을 뒤져 줄을 서서 금을 모으는 기이한 풍경이 벌어지기도 한 것처럼 말이다. 그러나 그것이 방향을 잃어버리고 목표를 잃어버릴 때 그 힘은 내부로 향해 파괴적인 모습을 보일 수 있다. IMF를 겪으며 우리 사회는 심각한 자기애적 손상을 입게 됐다. '잘 살아보세'라는 구호에서 출발하여 금방이라도 선진국이 되고 모든 문제가 해결될 것만 같은 기대를 품었는데, 실제로는 우리가 생각했던 것보다 훨씬 많은 구조적 문제를 안고 있다는 사실이 드러난 것이다. 이때 우리는 국가적인 우울증을 겪게 된다.

큰 스트레스나 충격이 닥쳤을 때 사람들은 이에 대항하기 위해 여러 가지 방어기제를 사용한다. 그래서 일시적으로 우울이나 분노를 겪더라도 곧 현실적으로 자신을 보호하고 문제를 해결하기 위한 노력을 하게 된다. 그런데 이때 자아 기능이 약한 사람은 퇴행 regression이라는 좀 더 원초적인 방어기제를 동원한다. 이전의 어린 아이의 심리 상태로 되돌아가 자신의 문제를 아예 부정하거나, 혹은 모든 것을 남의 탓으로 돌리는 방법을 사용해 문제를 해결하려고 하는 것이다.

우리 사회가 보여준 방어기제도 이와 마찬가지다. 게다가 그 당시는 독재 이후의 몇 번의 정권도 사람들의 기대를 무너뜨리며 큰 실망감을 안긴 시기였다. '유전 무죄, 무전 유죄' 식의 냉소와 '힘센 자만이 정의를 말할 수 있다'는 식의 힘의 논리가 팽배해 있었다. 다시 말해 우리가 살아가는 데 기본이 되는 믿음과 신뢰와 희망이 흔들리고 있었던 것이다. 많은 사람이 꿈을 상실했고, 이전처럼 배고프고 굶주릴지 모른다는 막연한 두려움이 엄습했다.

213

그 결과 우리 사회는 사회적 심리 상태의 와해 과정을 밟게
되었다. 퇴행은 초기 발달 단계의 정신 과정이 우세해지게 만든다.
자아와 초자아가 발달하지 못해 충동적이고 즉각적인 쾌락과 만족
을 추구하게 된다. 이 시기에는 일차사고과정의 특징을 보이는데,
환상과 현실의 구분이 없고 시간 개념이 없어 과거와 현재가 혼재
하며 모순이 없어 상반된 사고나 감정들이 그대로 같이 배치된다.
그런데 이러한 퇴행을 멈추게 하고 다시 자신을 아우르고 재통합할
수 있는 사회적 힘이 미약할 때, 사회 각 분야의 지도층 역할이 중
요해진다. 하지만 우리 사회는 급격한 서구화의 물결 속에서 극심
한 가치관의 혼란을 경험했으며 사회의 지도층마저 편 가르기를 하
기 바빠 어지러운 사회적 분위기를 배가시켰다. 마치 영화 〈파리대
왕〉에서 통제를 잃어버린 아이들이 서로 분열되고 찢어진 채 목표
를 잃고 점차 공격적이고 잔인한 모습을 보이는 장면이 떠올라 서
글프기까지 하다.
　　그러한 사회적 분위기를 반영한 것인지, 언제부턴가 우리 사
회에 조폭이 등장하는 영화가 인기를 끌었고 사람들은 마치 조폭에
자신을 동일시하듯 그 내용에 열광하기 시작했다. 관객의 자학적
만족감을 채워주는 조폭 영화는 〈신라의 달밤〉에서 정점에 이르는
듯하다. 물론 〈신라의 달밤〉은 재미있는 영화지만, 그 재미를 위해
많은 것을 희생시키기도 했다.
　　고등학교 시절에 전교 1등이었던 모범생 박영준과 전설적인
고교 짱이었던 최기동은 성인이 되어 뒤바뀐 모습으로 경주에서 조

우하게 된다. 최기동은 다혈질 체육 선생님이 되었고, 박영준은 깡패가 되어있었다. 영화는 이 두 사람이 한 여자를 사이에 두고 묘한 경쟁 관계를 이루다가, 조폭들 사이의 싸움 속에서 그들의 우정을 확인한다는 내용이다.

이 영화는 많은 면에서 우리의 현 모습을 반영하고 있었다. 우선 극단적일 정도로 아이덴티티가 변화한 것이다. 어떤 사건을 계기로 한순간에 모범생이 깡패가 되고 깡패가 모범생이 되는 변화가 과연 가능한 것일까? 그것은 정체성이 취약하고 흔들리기 쉬운 상태일 때 일어날 수 있다. 즉 쉽게 변하는 정체성의 문제를 시사하고 있는 셈이다.

사실 이 두 사람은 고등학교 시절에 한 번도 친구 사이인 적이 없고, 오히려 서로 너무 다른 모습을 경멸하고 두려워했던 관계다. 그런데 10년 후에 만나서 갑자기 우정을 앞세우는 모습은 의아하게 느껴지기도 한다. 하지만 이 둘이 각기 분열된 한 사람의 내면의 모습을 보여주고 있다고 생각하면 이해가 된다. 기동은 영준의 내면에 있던 공격성이고, 영준은 기동의 내면에 있던 초자아인 것이다. 즉 이 둘은 한 사람의 내면에 있는 분열된 자신을 드러내기 때문에, 서로에게 급격히 끌리며 서로를 돕게 된다.

이 영화에서 또 한 가지 서글픈 장면 중 하나는 다른 사람의 성공을 인정하지 않고 깎아내리려는 우리의 모습을 상징하고 있는 부분이다. 우리는 다른 사람의 성공을 시샘하며 비하하는 마음을 가질 때가 있다. 누군가 위에 올라가면 그 사람의 단점을 들추고 격하시켜 보통 사람과 같은 위치로 만들어야, 아니 오히려 더 추락시켜야 만족하는 것이다. 자신의 미래를 위해 노력하고 공부하는 성실한 학생을 왜 비겁한 아첨꾼처럼 여기는 것일까. 남들과 같은 싸움판에 휩쓸리지 않고 자신이 옳다고 믿는 위치를 굳건히 지킬 수 있는 게 오히려 진정한 용기는 아닐까. 그러나 우리 사회에서는 독자적인 것을 좀처럼 용납하지 않는다. 어느 집단에 끼어서 단체 행동을 해야만 서로가 안심하는 경향이 있는 것이다.

결국 이 영화의 결말에서 두 사람은 패싸움을 하고 흠씬 두드려 맞은 후 다시 낄낄거리며 개선장군처럼 걸어나간다. 법의학에서는 '모든 범죄자는 처벌받고 싶은 무의식적 욕구 때문에 항상 단서를 남겨놓고 잡히기 마련'이라는 이야기를 한다. 폭력으로 귀결하는 영화의 결말은 우리 사회의 이러한 자학적 대리 만족을 이끌어내는 듯하다. 〈신라의 달밤〉을 비롯한 여러 조폭 영화에서는 공통적으로 마조히즘적 해결 방법을 보인다. 때리고 죽이고 부수다가 결국 죽거나 혹은 죽도록 얻어맞고 감옥에 들어간다. 이는 내면의 공격성에 대한 미성숙한 해결법이라고 할 수 있다. 공격성은 처벌받기를 원하지만, 처벌 후에는 죄책감으로부터 자유로워지면서 더욱 공격적이 될 수 있다. 가학-피학증이 갖는 악순환의 고리다.

사실 공격성은 성적 욕망과 마찬가지로 우리 모두의 내면에 자리잡고 있는 것이다. 다만 이것을 어떻게 방어하고 처리하느냐가 중요하다. 견고하고 자신감이 있는 사람은 승화sublimation나 이타주의altruism 등 성숙한 방어기제를 사용하여 문제를 해결해 나간다.

외부의 비판이나 충고를 겸허하게 받아들일 수 있고, 필요하다면 상대방을 설득시키고 이해시킬 줄도 안다. 자신과 세상에 대한 믿음이 있기에 외부의 충격에 크게 흔들리지 않을 수 있다. 마찬가지로 견고한 사회는 자신감을 가지고 여러 변화에 대처하며 구성원들의 공격성을 승화시켜 생활의 건설적인 에너지로 변환시키고 놀이나 상징을 통해 생활의 활력을 마련한다.

우리 사회에서도 보다 견고한 자아를 갖추어 퇴행을 멈추고 성숙해지려는 노력이 필요하다는 생각이 든다. 괴롭더라도 우리가 가진 수많은 문제를 직시하고, 참모습을 받아들이며 인정하는 것이 그러한 문제 해결의 출발점이 될 수 있을 것이다. 마치 모든 정신치료의 시작처럼 말이다. 그래서 우리 사회를 반영하고 있는 영화에서도 퇴행한 사회의 가학적인 쾌락보다는 어렴풋하게나마 희망의 여운을 안고 나올 수 있기를 기대해본다.

거세당한 현대 남성들의
판타지

- 〈반칙왕〉,
김지운, 2000.

가끔은 영화를 보면서 울적한 기분을 달래고 마냥 실컷 웃고
만 싶을 때가 있다. 영화 〈반칙왕〉은 그럴 때 우리를 즐겁게 만들어
줄 수 있는 최고의 처방 중 하나다. 그런데 영화를 볼 땐 마음껏 웃
어놓고도 막상 끝나고 나면 어쩐지 서글퍼지는 건 또 왜일까. 아마
영화 속에 담긴 판타지가 현실의 무력감을 역설적으로 대변하고 있
기 때문일 것이다. 그래서 이 영화를 보면서 터져 나오는 웃음은 단
순히 어처구니없는 헛웃음이 아니라 철학이 담긴 웃음이 된다.

〈반칙왕〉의 주인공 임대호는 정말 보는 사람이 다 한숨이 나
오는 인물이다. 회사에는 날마다 지각에, 되는 일이라고는 하나도
없고, 최하위 실적 때문에 상사에게 야단맞고 헤드록을 당하기 일쑤
인 그는 영락없이 거세된 현대인의 모습이다. 그런 그가 우연히 레

슬링 체육관을 발견하게 되고, 상사의 헤드록에서 벗어나기 위해 레슬링을 배우기 시작하면서 그의 일상은 새로운 갈랫길로 접어든다.

그가 현실을 타파하기 위해 택한 운동이 왜 하필 레슬링일까? 레슬링이 불러일으키는 어린 시절의 향수 때문일까, 아니면 다른 남자들과 몸을 부대끼며 뒹굴면서 어느 정도의 반칙까지 허용하는 레슬링의 드라마틱한 요소가 마음속의 무언가를 해소해주었기 때문일까?

내가 어렸을 때 TV에서 레슬링 중계를 하는 날은 온 동네가 시끌벅적했다. 그때만 해도 모든 집에 TV가 있는 게 아니었기 때문에 TV가 있는 집에 모두가 모여 앉아 장영철과 김일, 천기덕의 레슬링을 손에 땀을 쥐고 지켜보았다. 어떨 땐 환호하고 어떨 땐 안타까워하거나 겁먹기도 하며 레슬링에 온 시선을 빼앗기고 나면, 그런 날엔 꼭 집에서 구두 몇 켤레나 은수저 몇 벌을 도둑맞기도 했다.

그러다 점차 TV가 보편화되어 이제는 동네 사람들이 한 집에 모이지는 않게 되었지만, 레슬링을 하는 날엔 어김없이 온 집안 식구들이 TV 앞에 모여 앉았다. 우리는 김일의 이마가 뜯겨 나가는 걸 안타깝게 바라보며 목이 터져라 응원하거나, 지고 있던 경기에서 아슬아슬하게 결국 승리하는 것을 보며 마치 우리가 이긴 것처럼 환호하곤 했다. 그러다 차츰 레슬링 선수들의 세대교체가 일어나고 레슬링이 실제가 아니라 일종의 쇼라는 것을 대중이 알아차리면서, 레슬링은 점차 사람들의 관심에서 멀어지게 되었다. 나도 한동안 레슬링을 잊고 지냈는데, 우리 아들 녀석이 당시의 내 나이가 되었을 무렵 토요일마다 주한미국방송인 AFKN을 틀어놓고 신나게 응원하는 걸 보며 새삼 신기한 마음이 들었던 기억이 난다.

그러고 보면 레슬링은 일종의 퇴행 효과가 있는 모양이다. 우리의 자아는 때때로 성장을 거슬러 이전 상태로 되돌아가면서 평안을 얻기도 하는데, 레슬링이 바로 그런 효과를 주는 듯하다. 그래서 얼뜬 아이 같은 임대호도 현실에서 부딪치는 스트레스를 레슬링을 통해 풀고자 한 것은 아닐까. 하지만 그는 늘 승리를 거머쥐는 스타 레슬러보다 오히려 반칙왕인 울트라 타이거 마스크를 좋아하고 동경한다. 아마도 현실의 자신이 항상 지는 쪽에 속해있기 때문에, 반칙을 써서라도 상대편을 골려주고 괴롭히는 반칙왕과 자신을 동일시했기 때문이리라.

한편으로는 임대호가 체육관에서 땀 흘리며 열심히 무거운 몸을 훈련하는 모습을 보면서, 그가 자신의 일을 저렇게 열심히 한다면 상사에게 헤드록 당하고 무시당하는 일도 없지 않을까 하는 생각이 잠시 스쳤다. 하지만 그 생각이 나의 한계구나 싶어 곧 후회했다. 임대호는 그런 사람이다. 자신이 좋아하는 것에는 온몸을 던져 파고들지만 꼭 짜인 현실의 틀에서는 항상 무언가 어긋나며 잘 맞지 않는 사람. 그게 임대호인데, 그를 다시 획일적인 틀에 끼워 넣으려 하는 나의 못된 습관은 어디에서 잘못 든 것일까.

어쨌든 그는 그렇게 우리를 신나게 웃겨준다. 그리고 마침내 어릴 때부터 좋아하고 동경하던 반칙왕 울트라 타이거 마스크가 되어 링 위에 오르게 된다. 하지만 반칙왕은 어디까지나 조연일 뿐,

링 안에서도 스타를 빛내주기 위한 엑스트라로서 본연의 자신은 거세당해야 한다. 최고의 레슬러 유비호를 상대로 각본에 맞춰 패배해야 한다는 약속을 하고 링 위에 오르지만 그는 약속과 달리 승리를 위해 온 힘을 다한다. 그렇게 끝내 링 위에서 마스크가 벗겨져 맨 얼굴이 드러나고, 임대호는 그대로 자신의 모든 걸 폭발시키며 경기를 이어간다. 하지만 끝내 이기지도 못하고 그렇다고 지는 것도 아닌 채로 양측 모두 만신창이가 되고 만다. 그렇게 기존에 짜여져 있던 각본은 엉망이 되어버렸다.

그리고 경기가 끝난 뒤 그는 아무것도 변한 게 없는 현실로 다시 돌아온다. 레슬링을 한다고 해서 갑자기 일이 술술 풀리는 것도 아니고, 여전히 상사에게 헤드록을 당하며 구박받는 애잔한 직장인 신세다. 이 영화의 백미는 바로 여기에 있다. 만일 그가 레슬링을 하고 모든 게 달라지거나 갑자기 강해졌다면 뻔한 삼류 영화처럼 보였을 것이다. 그러나 그의 일상은 변한 것이 없고, 다만 그는 잠깐의 일탈을 통해 꿈을 꾸었으리라. 마스크의 힘을 빌어 강해지고, 또 현실에서 짓눌리는 자신을 복원하는 꿈을.

〈반칙왕〉은 정말 웃기면서도 사랑스러운 영화다. 어릴 때 보던 레슬링을 생각나게 하면서, 또 한편으론 현실의 무기력한 자신을 돌아보되 심각하게 고찰하기보다 도리어 대리 만족하며 맘 편히 웃어버릴 수 있는, 현대인들을 위한 웃음 처방 같은 영화가 아닐까.

모두의 소망이
이루어진다면

- 〈웰컴 미스터 맥도날드 ラジオの時代〉,
미타니 코키, 1997.

　나는 어릴 때 소꿉놀이를 무척이나 좋아했다. 엄마의 다 쓴 화장품 통을 무슨 보물처럼 고이 간직하고, 이가 빠진 접시나 조개껍질 등을 모아 나름대로 한 살림을 마련해두곤 했다. 그리고 동네 아이들을 모아 각기 엄마, 아빠, 언니, 아기 등의 역할을 맡아 소꿉놀이에 열중했다. 내가 무슨 역할을 주로 맡았는지는 확실히 기억나지 않지만, 그 놀이에서 중심이 되는 역할이 아니었다는 것은 확실하다. 역할 놀이를 하면 나는 어쩐지 늘 주인공이 되지 못하고 겉돌곤 했다.

　그래도 살림살이를 마련하고 그것으로 뭔가를 만드는 건 항상 내 몫이었다. 돌을 세 개 모아 아궁이를 만들고, 거기에 솥을 걸어 모래를 담은 뒤 적당량의 물을 부어 밥을 짓고, 풀을 뜯어 반찬을 만들고 진흙을 빚어 떡을 만들고……. 그렇게 옹기종기 놀다 보면 어느 순간에는 또 말썽이 일어나기 마련이었다. 갑자기 한 아이가 왜 자기는 늘 아기만 해야 하느냐며, 역할을 바꿔달라고 나선다. 그럼 덩달아 나도 역할이 바뀌고, 그러다가 또 느닷없이 다른 아이가 '나도 시켜줘' 하고 나서면 또 역할이 교체된다. 때론 서로 공주를 하겠다고, 서로 멋있는 역을 하겠다고 다투느라 결국 싸움과 울음으로 끝나는 경우도 종종 있었다.

그래도 어찌어찌 화해하고 놀다 보면 기상천외한 재미있는 놀이가 만들어지기도 한다. 그렇게 꼬리를 물고 끝도 없이 놀다 보면 어느새 "○○야, 밥 먹어라" 하고 부르는 진짜 엄마의 목소리가 들린다. 그럼 주섬주섬 살림살이들을 챙겨 어둠이 점점 내려앉는 골목을 뒤로하며 집으로 돌아가곤 했다. 그러던 내가 어느새 아이를 낳고 진짜 엄마가 되어 어느 순간 아이에게 소꿉놀이 장난감을 사주고 있었다. 내가 가지고 놀던 것과는 비교도 안 되는 플라스틱 재질에 곱게 채색된 살림살이와 음식들을 보면서 이 아이들은 참 좋겠다는 생각이 드는 한편, 이미 예쁘게 완성되어 있으니 재료를 모아 만드는 재미는 없겠다는 두 가지 마음이 스쳐갔더랬다. 과거는 항상 아름답게 기억되기 때문일까.

영화 〈웰컴 미스터 맥도날드〉를 보고서 바로 어릴 적 했던 이 소꿉놀이가 떠올랐다. 이 영화는 잡동사니를 끌어모아 어떻게든 아기자기한 부엌살림을 만들고, 이리저리 역할을 바꿔가며 예측불허의 이야기를 나름대로 이어나갔던 어린 날의 소꿉놀이를 꼭 닮았다.

라디오 드라마 공모선에 당선되어 첫 방송을 앞두고 있는 초보 작가 스즈키 미야코는 순조로운 리허설을 지켜보며 감격에 젖는다. 이제 한 시간 후면 생방송으로 자신의 작품이 방송된다는 생각에 설레고 있는데, 막상 방송 시간이 다가오자 점점 예기치 못한 문제가 발생하기 시작한다. 고집 센 왕년의 대스타 노리코가 극 중의 이름을 바꿔 달라고 우기는 것이다. 프로듀서 우시지마는 할 수 없이 이름을 바꿔주는데, 노리코의 억지는 여기서 그치지 않는다. 결국 이름뿐 아니라 직업도 바뀌고, 이야기의 배경까지 바뀌고 만다. 처음에는 작은 어촌 마을을 배경으로 한 평범한 주부와 어부의 사랑 이야기였는데, 이제는 미국 시카고가 배경이고 여주인공은 주부가 아니라 세련된 변호사다.

갑작스러운 설정 변경으로 모든 게 불안한 상황에서도 생방송은 어김없이 카운트다운에 들어간다. 그리고 진짜 문제는 이제 시작이다. 바뀐 설정에 따라 준비되지 않은 음향 효과부터 배경, 스토리까지 개연성을 맞춰야 할 게 한두 가지가 아닌 것이다. 바뀐 드라마의 첫 장면에서는 반드시 기관총 소리가 들어가야 하는데, 늦은 시간이라 효과실은 이미 문이 잠겼고 결국 스태프들은 발로 뛰며 직접 총소리를 만들어낸다. 이제 옛 연인이 바닷가에서 재회해야 하는데 순간인데……. 시카고에는 바다가 없다! 결국 바닷가에서의 로맨틱한 만남은 댐 붕괴 사고의 스팩터클한 재난 장면으로 바뀌고, 느닷없이 이름을 맥도날드로 바꾼 남주인공은 파일럿이 되어 등장한다. 이제 비행기 조난 사고가 일어나야 하는데 광고주가

항공회사라서 그는 다시 우주비행사로 직업이 바뀌고, 연인의 행복한 재회로 끝나야 하는 드라마는 점점 해피엔딩과 멀어져만 간다. 이쯤에서 도저히 참지 못한 작가 미야코의 절규가 서서히 사람들의 마음을 움직인 덕분에, 최종적으로 드라마는 우주선의 귀향과 애인들의 재결합이라는 황당한 해피엔딩으로 끝맺음을 하게 된다.

말도 안 되는 이야기지만 그럼에도 정말 재미있는 영화다. 마치 연극을 연상시키는 상황 설정, 과장되지만 밉지 않고 귀여운 캐릭터, 좌충우돌하면서 어디로 흘러갈지 알 수 없는 상황들의 즉흥성, 끝에 가서는 초를 치는 양념 같은 교훈성까지. 한참을 웃고 나면 마치 즐거운 놀이를 한바탕 하고 난 것 같은 기분이 된다.

〈웰컴 미스터 맥도날드〉는 드라마가 가지는 소망 충족이라는 속성을 영화화한 것으로 보인다. 작가는 환상적인 연애에 대한 소망을 가지고 있고, 배우들은 각자 멋진 직업을 가진 캐릭터를 맡고 싶어 한다. 그리고 그들의 소망이 와자지껄하게 엉키면서 드라마는 어디로 튈지 모르는 상황으로 치닫는다. 그러나 결국엔 인간의 마음에 대한 따스한 소망들이 서로 얽혀 해피엔딩이라는 궁극적인 결말을 이루어낸다.

더불어 한편으로는 일본인들이 미국에 대해 가지고 있는 환상이나 소망을 반영하고 동시에 희화화하는 것으로도 해석할 수 있을 듯하다. 굳이 배경을 미국으로, 등장인물을 미국인으로 바꾸고, 가장 미국적인 것을 상징하는 맥도날드를 이름으로 삼는 배우. 그리고 라디오 방송을 듣고 드라마에 감동하여 방송국까지 찾아와 눈물을 쏟아내는 거대한 유조차 운전수까지도 미국 서부영화에나 나옴직한 옷차림을 하고 있다. 또한 이는 거대한 유조차처럼 공포심을 유발하며 자신을 침범하는 듯한 미국에 대한 두려움을 놀이로 극복하고 자신들의 체계로 통합시키기 위한 하나의 시도로도 볼 수 있겠다. 그러고 보면 영화의 틀도 할리우드식을 닮아 있다. 그러나 영화는 이러한 소망에 대한 어떤 경고나 교훈의 메시지를 전달하지는 않는다. 그저 마음껏 웃고 떠들며 즐길 뿐. 바로 여기에 이 영화의 강점이 있다.

이 영화가 끝난 뒤에 에밀 쿠스트리차의 〈검은 고양이 흰 고양이〉가 생각났다. 고요한 다뉴브 강가에 살고 있는 두 집시 집안의 3대에 걸쳐 벌어지는 각종 해프닝을 그린 영화인데, 이 영화의 형태 자체가 집시를 연상하게 했다. 마찬가지로 〈웰컴 미스터 맥도날드〉는 영화 자체가 하나의 놀이 같다. 그래, 가끔은 어두운 공간에 꼼짝없이 갇혀 앉아 관객 모두가 똑같은 위치에서 마냥 웃고 즐기는 시간을 보내도 나쁠 건 없을 것이다. 영화라는 것도 결국 하나의 놀이고, 그 놀이를 즐기는 것이 영화를 누리는 가장 자연스러운 방법이니까.

아이들이 볼 수 없는
아이들의 영웅 영화

- 〈킥 애스Kick-Ass〉,
매튜 본, 2010.

집과 학교에서 어른들은 아이들에게 가르친다. '불의를 보면 참지 말아라', '곤경에 빠진 이웃을 보면 도와줘라', '세상에는 지켜야 할 예의범절과 규칙들이 있다'……. 하지만 막상 어른들의 세계는 겁쟁이들과 탐욕스럽고 이기적인 이들로 가득 차 있다. 영화 〈킥 애스〉에서는 어른들의 세상을 갱단이 장악해버리고, 돈과 힘의 논리가 경찰마저 무력화시킨 참담한 세상이 그려진다. 모순과 불합리로 가득한 세상에서 모두가 이 모든 걸 바꿔줄 영웅의 도래를 애타게 기다린다. 그때 높은 빌딩에서 슈퍼맨 복장을 한 남자가 세상을 내려다보다가 하늘로 날아오른다. 아래에서 지켜보던 사람들이 기대에 차 환호하지만, 예상과 달리 슈퍼맨은 차 위로 추락하여 처참하게 죽고 만다.

영웅이 자살하는 세상, 영웅이 사라져버린 세상, 힘없고 가진 게 없는 사람들은 소외되고 무시당하는 절망적인 세상이지만 마지막 한 줄기 희망은 남아있었다. 악을 징벌하고 이 세상을 구하기 위해 홀연히 일어선 세 사람. 바로 만화에 빠져 사는 별 볼 일 없는 평범한 고등학생인 데이브와, 갱단에 의해 누명을 쓰고 감옥에 갇힌 것도 모자라 아내마저 살해당한 전직 경찰 데이먼, 그리고 그가 슈퍼 히어로로 키우고 있는 복수의 화신, 딸 민디다.

슈퍼맨과 스파이더맨을 섞기라도 한 듯 촌스러운 의상과 복면으로 무장한 데이브는 스스로 '킥 애스'라는 별명을 짓고 정의를 구현하고자 도로 시찰에 나선다. 영웅 흉내를 낸다고 한들 힘없고 평범한 데이브가 할 수 있는 일은 비록 아주 하찮은 것들뿐이지만, 사실 그 누구도 굳이 나서서 하지 않으려는 일들이기도 하다. 집단 폭행을 당하고 있는 한 사람을 구하기 위해 분연히 뛰어든 우리의 영웅 킥 애스는 맷집 하나로 세 명에게 대항해 싸운다. '셋이 한 명을 이렇게 죽도록 패고 있는데 구경만 하는 너희들이 미친 거다!' 라고 외치는 그는 배트맨 같은 부자 아빠도, 슈퍼맨 같은 초능력도, 스파이더맨처럼 슈퍼 거미에 물린 적도 없는 겁 많은 아이일 뿐이다. 하지만 그는 이 세상에 영웅이 필요하다는 걸 절실히 느끼고 영웅이 사라진 시대에 스스로 영웅이 되고자 한다.

그런데 이 모습을 촬영한 동영상이 유튜브에 올라가고, 일약 영웅으로 부상한 킥 애스는 더욱더 사명감에 젖어간다. 그런데 이렇게 어설픈 영웅 행세를 하고 있는 데이브 앞에 잘 훈련된 부녀 영웅인 데이먼과 민디가 나타난다. 아내가 살해당한 것이 힘이 약해서였다고 믿는지, 빅 대디 데이먼은 딸에게 힛 걸이라는 이름을 지어주고 아이를 강인한 킬러로 키운다. 그리고 고작 11세인 당돌한 딸은 실제로 어른들의 목을 따고 배에 총알을 박으며 거침없는 피의 복수를 해나간다. 영화 〈킥 애스〉는 이처럼 어설프고 촌스러운 킥 애스와 배트맨으로 분장한 빅 대디, 그의 딸 힛 걸이 만나 벌이는 우스꽝스럽고도 애처로운 영웅 찾기에 대한 이야기다.

이 영화는 사춘기 소년의 발달기를 그리고 있다. 속물적인 어른들에 대한 경멸과 조롱을 안고 못난 어른들의 엉덩이를 차버리고 싶은 청소년들의 반항심, 정의가 실현되는 사회를 꿈꾸긴 하나 아직 무엇을 해야 할지 몰라 무턱대고 거리로 나서는 패기, 한편으로는 영웅이 되기보다는 영웅으로 보이는 것이 더 중요한 심리까지 엿볼 수 있다. 그리고 이 아이들은 냉정한 현실과 잔혹한 어른들 사이에서 좌충우돌하며 서서히 성숙하고 배워나간다. 우리에게 필요한 진짜 영웅은 하늘을 날거나 불을 뿜는 존재가 아니라, 불합리하고 모순된 현실에서 눈 돌리지 않고 고통받는 타인에게 손을 내밀어줄 수 있는 사람이라는 것도.

어쩌면 지금의 현실은 슈퍼맨의 꿈조차 허락하지 않는지도 모른다. 그래서 과거에는 당연했던 행동 지침이 이젠 영웅의 일이 되어버렸다. 그러나 방황하던 데이브는 어른들에 대한 분노와 실망감을 극복하고 성장해 나간다. 그래서 영화가 끝날 무렵에는 한층 안정되고 성숙한 어른의 모습으로 그려진다.

반면 힛 걸은 실제로 나이가 이리기도 하지만 유아적인 과대사고를 고스란히 보여주는 인물이다. 어른들도 꼼짝 못할 정도의 힘과 기술을 지닌 슈퍼걸, 그녀 앞에선 아무리 힘센 어른들도 맥을 못 추고 피를 튀기며 쓰러진다. 하지만 영웅의 능력을 지닌 듯 보이는 이 꼬마 소녀는 사실 복수에 혈안이 된 아버지가 만든 살인 기계에 가깝다. 힛 걸은 주변을 경계하며 자신을 방어하는 방법은 배웠으나 더불어 살아가는 법은 배우지 못했다. 〈킥 애스 2〉에서 힛 걸은 평범한 학생으로 돌아가려고 해보지만 여전히 칼과 총을 휘두를 때 더 행복하고 짜릿하다.

〈킥 애스〉는 기존에 있던 많은 영웅 영화의 틀을 확 깨버린 작품이다. 아이가 아무렇지 않게 사람을 죽이고, 어른이 11세 여자아이를 있는 힘껏 공격하는 등, 어른과 아이가 혼재되어 누가 어른이고 누가 아이인지도 혼동되는 세계관. 이 영화는 아이들을 위한 영웅 환상을 보여주는 척하면서 청소년 관람 불가 등급을 달고 영웅을 기대하는 관객들의 엉덩이를 뺑 차버린다. 슈퍼히어로가 없는 세상, 영웅의 꿈조차 허락하지 않는 세상의 겁쟁이들을 일침하면서.

보이지 않는 것에 의미가 있다

2021년 12월 8일 초판 1쇄
2021년 12월 10일 초판 3쇄

지은이·김혜남
펴낸이·박영미
펴낸곳·포르체

편   집·원지연, 류다경
마케팅·문서희

출판신고·2020년 7월 20일 제2020-000103호
전화·02-6083-0128 | 팩스·02-6008-0126
이메일·porchetogo@gmail.com
포스트·https://m.post.naver.com/porche_book
인스타그램·www.instagram.com/porche_book

ⓒ 김혜남(저작권자와 맺은 특약에 따라 검인을 생략합니다)
ISBN 979-11-91393-46-0 (03180)

여러분의 소중한 원고를 보내주세요.
porchetogo@gmail.com